Colette Silvestre-Haeberle

TAROT
Spiegel des Schicksals

URANIA VERLAG

1. Auflage; 1. bis 5. Tausend 1986

ISBN 3-921960-44-4

© 1983 by Colette Silvestre-Haeberle
© 1984 by Urania Verlag, Sauerlach
Alle Rechte der Verbreitung, auch durch Funk,
Fernsehen, fotomechanische Wiedergabe, Tonträger
jeder Art und auszugsweisen Nachdruck vorbehalten.
Urania Verlag und Versand GmbH, 8029 Sauerlach

Herstellung: Schneelöwe, Haldenwang

Inhaltsverzeichnis

Geleitwort von Marcel Picard	5
Einführung	7
Bezugspunkte	9
Die Symbolik	11
Die Farben	13
Der Umgang mit Tarot-Karten	17
Tarot als Wahrsagemedium	18
Die vier Elemente	39
Die Zahlen	40
Die 56 kleinen Arkanen	41
1. Die Kelche	41
2. Die Münzen	53
3. Die Stäbe	65
4. Die Schwerter	77
5. Die Bilder	89
Das Auslegen der Karten	107
Die Rad-Auslage	107
Die abgeleiteten Häuser	111
Die keltische Auslage	123
Die Auslage in einer Reihe oder im Viereck	127
Die Hufeisen-Auslage	131
Die Jahresauslage	135
Die Auslage zur Pyramide	139
Die Auslage zum Kreuz oder die Frage-Auslage	141
Schlußwort	143

Wir danken dem Verlagshaus Grimaud
für das Einverständnis zum Abdruck der Tarot-Karten.
Außerdem danken wir den Fragenden,
die uns autorisierten,
ihre Auslagen und die Schlüsse aus den Deutungen
zu veröffentlichen.

Unsere einzig wahrhafte Freiheit
besteht darin, die spirituelle Wirklichkeit
in uns zu entdecken und freizulegen.

Sri Aurobindo

Geleitwort

»Jede Arkane des Tarot birgt eine unermeßliche Kraft in sich. Die 22 großen Karten sind die stärkeren, die 56 kleinen sind im Vergleich dazu eher blaß«, sagte ein Tarot-Meister aus meinem Freundeskreis einmal zu mir, und er fügte hinzu: »Hüte Dich davor, zu glauben, die einen seien wichtiger als die anderen.«

Über Tarot sind unzählige Bücher geschrieben worden, aber nur wenige Autoren haben sich wirklich mit den verborgenen Geheimnissen der kleinen Arkanen befaßt.

Rein äußerlich sind sie normalen Spielkarten sehr ähnlich und daher für den Forschenden ohne großes Interesse. Außerdem macht die Anzahl der Karten die wahrsagerische Deutung offenbar sehr viel komplizierter.

Diese Arkanen scheinen nicht besonders anziehend zu sein, doch sie bilden immerhin zwei Drittel des Tarot.

Beschränkt sich das Tarot denn nur auf die großen Arkanen?

Ist es eine so köstliche Frucht, daß eine dicke Schale, die kleinen Arkanen, notwendig ist, um sie in ihrem herrlichen Geschmack zu schützen?

Oder ist diese Schale ein Teil der Frucht und hat besondere Eigenheiten?

Colette Silvestre-Haeberle geht der Sache auf den Grund und beweist uns mit diesem praktischen, einfachen und klaren Buch, das ein Ergebnis langer Erfahrung ist, daß die Reichtümer des Tarot dank der kleinen Arkanen und der dazugehörigen Auslagen noch wertvoller und leichter zugänglich sind.

In diesem Buch werden die Bezugspunkte angegeben, die für die richtige Anwendung des Tarot unerläßlich sind. Der innere Aufbau jeder Karte und die Beziehung der einzelnen Karten untereinander werden im Hinblick auf Wahrsagung, Psychologie und spirituelle Zusammenhänge durchleuchtet. Die Verfasserin läßt uns Geschmack daran finden, so daß wir

Lust bekommen, noch mehr über die Kunst des Tarot zu erfahren.

Auf meinem persönlichen Weg mit dem Tarot markiert dieses Buch eine bedeutsame Etappe. Über viele Jahre hinweg habe ich die 22 großen Arkanen »erforscht«. Nach und nach haben sie einen wesentlichen Platz in meinem Leben eingenommen, und ich konnte feststellen, daß sie zur Einheit führen.

Heute öffnen die leinen Arkanen des Tarot eine neue Tür: und jeder wird dahinter das Licht finden, das er zu seiner Entwicklung braucht.

Marcel Picard

Einführung

Am Anfang eines Buches über die kleinen Arkanen des Tarot könnte man dazu neigen, sie als die »vernachlässigten Karten« zu bezeichnen. In der Tat wird in zahlreichen Abhandlungen das Tarot nur unter dem Aspekt der großen Arkanen behandelt. Dabei werden die 22 Karten einerseits in ihrer Bedeutung als Spielkarten, andererseits aus esoterischer Sicht, also im Hinblick auf Wahrsagung und Initiation, betrachtet.

Einige Autoren mit großem Namen, wie Enel oder Papus, haben jedoch die 78 Karten des Tarot unter ihrem Gesamtaspekt behandelt, ohne die großen von den kleinen Arkanen zu trennen. Im »Tarot der Zigeuner« enthüllt uns der Tarot-Meister Gérard Encausse (Papus) das Wesen der Geheimwissenschaft um die Tarot-Lehre und die verschiedenen Auslageschulen in allen oder einem Teil der antiken Mysterien. Er beschreibt, ohne dabei jedoch alle Schlüssel anzugeben, die direkten Beziehungen oder Analogien der Arkanen zu der Kabbala, der Astrologie und der Arithmologie (Numerologie).

Wenn wir unsere Tarot-Erfahrung an Sie weitergeben, dann besteht unser Ziel darin, Sie die praktischen Interpretationsregeln zu lehren, nachdem wir Sie mit der allgemeinen Symbolik der kleinen Arkanen vertraut gemacht haben. Manche werden vielleicht der Ansicht sein, unsere Behandlung der Symbolik sei zu »oberflächlich«: diese verweisen wir auf die Literatur über Geheimwissenschaften; andere wiederum werden diese Symbolik als sehr kompliziert empfinden: diesen empfehlen wir, direkt auf das Kapitel der 56 kleinen Arkanen überzugehen

Ganz unbestritten haben die großen Arkanen für die Deutung ein großes Gewicht, doch die kleinen Arkanen darf man deshalb nicht außer acht lassen, denn sie können zahlreiche, äußerst nützliche Angaben über bestimmte Punkte liefern, die von Interesse sind.

Manche Autoren sind der Auffassung, die 22 großen Arkanen reichten aus, um Probleme zu bestimmen und Antwort auf gestellte Fragen zu geben. Andere dagegen vertreten die Ansicht, die 56 kleinen Arkanen seien unerläßlich für die Auslage und ebenso wichtig wie die 22 großen Arkanen.

Wir vertreten einen anderen Standpunkt, der zwischen diesen beiden liegt. Die 22 großen Arkanen des Tarot stehen in direkter Analogie zu den 22 hebräischen Buchstaben, also zur Kabbala. Durch die 56 kleinen Arkanen jedoch wird unser Urteil verfeinert, und dank der Details ist es möglich, das Wesentliche zu verstärken; dadurch wird die ursprüngliche Aussage konkretisiert und erklärt.

Bezugspunkte

Für den (gläubigen) westlichen Menschen kommt die Schöpfung nach dem Chaos. Für den östlichen Menschen folgt das Tao auf das Wesenlose.

Die Analogie zwischen den beiden Zivilisationen hört nicht beim Ursprung der Welten auf, denn ob Alchimie oder Taoismus, in beiden glaubt man, alles Geschehen sei nur ein (umgekehrtes) Abbild der ursprünglichen Himmelsenergie und diese werde repräsentiert durch die vier Himmelsrichtungen und einen Mittelpunkt: die vier Elemente und die Quintessenz in unserer Alten Welt; die fünf Wandlungsphasen in Asien.

Das Überraschende ist jedoch, daß man in beiden Zivilisationen glaubt, alles sei ein großes Ganzes. Die fünf chinesischen Elemente Feuer, Holz, Erde, Metall und Wasser sind Ausdruck zweier ursprünglicher Kräfte, Yin und Yang, die wir in den Pflanzen, Tieren und Steinen und dem Menschen (demjenigen, der in der Mitte zwischen Himmel und Erde steht) wiederfinden. Die Alchimie — als Zweig der westlichen initiatischen Wissenschaft — lehrt uns, daß die »planetarischen Zeichen« — Sonne, Merkur, Venus, Mond, Mars, Jupiter und Saturn — die vier Reiche der Natur beherrschen und daß der Mensch als privilegiertes Wesen der Mittler zwischen Himmel und Erde ist, so wie sich seine Seele zwischen seinem Körper und seinem Geist befindet.

Aus unserer (des Menschen) Sicht besteht die Welt (innerhalb des Universums) aus Himmel und Erde und der Dualität Yin-Yang oder einem positiven und einem negativen Pol. Auch eine Dreiteilung wäre denkbar: Himmel, Mensch und Erde. Aber die Schöpfung äußert sich in einer Vierteilung, und diese beruht auf den vier Grundelementen oder den vier Himmelsrichtungen, unter Umständen mit einem Mittelpunkt. Das Wesen oder die Unterscheidung innerhalb dieser Vierteilung drückt sich wiederum in einer Siebenteilung, den planetarischen Zeichen, aus.

Bei dieser kurzen analogen Betrachtung der allgemeinen Symbolik könnte das Tarot in folgender Weise dargestellt werden:

$2 \times 7 = 14$ Karten $\times 4 = 56 + 21 + 1 = 78$,

das heißt:

Dualität x Teilung in Sieben x Teilung in Vier = kleine Arkanen + große Arkanen = die 78 Karten des Tarot.

Die Farben (Zerlegung des weißen Lichtes), die vier Elemente und die zahlenmäßige Anordnung (Grundlage der Arkanen) sind somit im wesentlichen die bestimmenden Symbole und die Schlüssel zur Interpretation.

Die Symbolik

Der Mensch auf der Suche nach seinen Wurzeln hat sich auf dem Weg zur Erkenntnis zwei Zugangsmöglichkeiten geschaffen, die ihm ermöglichten, der Wahrheit oder dem Irrtum näher zu kommen, ohne jemals den unwiderlegbaren Beweis für die Existenz des Nicht-Bestehenden oder des Nichts zu finden.

Die »moderne« Wissenschaft ist einer dieser Wege, und die Mehrzahl unserer Zeitgenossen räumen ihr einen Platz ein, den wir für übertrieben halten. Wir ziehen den anderen Weg vor: den unserer Vorfahren, wo Wissenschaft, Esoterik und Spiritualität verschiedene Aspekte ein und desselben Glaubens sind, des Glaubens an die Überlieferung.

Die Überlieferung erfolgte zunächst mündlich von Generation zu Generation, von Lehrern zu Schülern, die auf der Suche nach der absoluten Weisheit waren. Kriege (schon damals!), wiederholte Entweihungen der Kultstätten und absichtliche oder unabsichtliche Entstellungen und Abwandlungen bei der mündlichen Weitergabe führten nach und nach dazu, daß die Weisen ihre »Weisheitsbücher« irgendwo eingravierten, jedoch so, daß nur die »Eingeweihten«, das heißt alle jene, die auf der Suche nach Erkenntnis waren, dazu Zugang hatten.

Diese verborgene Sprache drückte sich in einer »Symbolik«, einem geheimen Code aus. Dieser war eine universelle Sprache (wie Jung gezeigt hat), bestehend aus Archetypen und Symbolen, die allen menschlichen Zivilisationen gemein sind. So sind Astrologie, Mythologie und sogar die Religionen nur der symbolische und besondere Ausdruck eines Ganzen.

Im Mittelalter zum Beispiel nahm die Geheimlehre in jedem Gebiet das wieder auf, was ihm vorangegangen war. Der Eingeweihte lernte so die Astrologie, die Kabbala, die initiatische Medizin und vieles mehr kennen. Auch das Tarot gehörte zu diesen Lehren, und manche glauben, daß es durch die symbolische Analogie seiner zahlenmäßigen Anordnung, seiner astrologischen Entsprechungen und seiner Farben allein jede Initiation repräsentiert.

Ziel dieses Buches ist es, auf dem Weg, den wir uns gesteckt haben, pragmatisch zu bleiben, so daß die Lektüre für Sie angenehm und fruchtbar ist.

In unseren früheren Werken haben wir die Symbolik im Zusammenhang mit dem Tarot und dem *Grand Jeu de Mademoiselle Lenormand* behandelt. In diesem Buch wollen wir einerseits allgemein bleiben, damit unsere Auffassungen klar werden, andererseits ins Detail gehen (auf die Gefahr hin, uns zu wiederholen), um Ihnen zu helfen, die kleinen Arkanen zu verstehen und zu deuten.

Die Farben

Die wissenschaftlichen Studien über Licht und Farben datieren aus einer relativ jungen Vergangenheit (Ende des 18. / Anfang des 19. Jahrhunderts). Newton war es, der die Zerlegung des Sonnenlichtes aufzeigte, indem er die Regenbogenfarben Violett, Indigo, Blau, Grün, Gelb, Orange und Rot künstlich herstellte. Und so setzen sie sich zusammen:

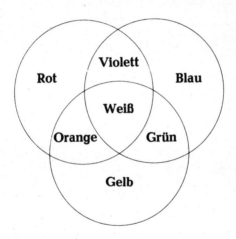

Farben sind untrennbar mit unserer Umgebung verbunden und lenken unser Leben auf unmerkliche Weise. Technische Dienste und Forschungsabteilungen von Unternehmen, Werbefachleute und Marketing-Agenturen wenden die Gesetze der psychischen Reaktionen auf bestimmte Farben unmittelbar an.

Rot, Blau, Schwarz und Grün sind Farben, die zu unserem

alltäglichen Leben gehören. Depressive und lebensmüde Menschen sind oft schwarz gekleidet. Aggressive, heftige oder einfach aktive Menschen lieben Rot. Mystische Menschen tragen am liebsten Orange oder Violett und manchmal auch das Braun der dicken Wollkleider. Glückliche Menschen tragen oft Blau oder Grün...

Auch einige moderne Therapeuten haben diese Regeln in die Praxis umgesetzt und benutzen die Farben in der Chromtherapie, der Diagnostik und Behandlung mit Farben.

Aus diesen Gründen wollen wir die Symbolik der häufigsten und wichtigsten Farben im Tarot im einzelnen untersuchen.

Symbolik der Farben

Einheit	Dualität	Dreiteilung	Siebenteilung	Sieben bis Neun
Licht	Tag-Nacht	Schöpfung	Sonnenspektr.	Grundeigensch.
			Violett	Mystizismus
			Indigo	Meditation
		Himmel	Blau	Idealismus
	Weiß			Reinheit
			Grün	Hoffnung
		Vermittler	Gelb	Objektives Geschehen
			Orange	Treue
		Hölle	Rot	Energie
Licht				
	Schwarz			Nichts oder Verhängnis

Die Farben des Sonnenspektrums

Violett Begünstigt die Meditation und Konzentration. Symbol für Gleichgewicht und Spiritualität, bezeichnet auch Differenzierungsvermögen und Intellektualität.

Indigo Wenig verwendet aufgrund seiner Mittelposition zwischen Blau und Violett. Zeigt Erfahrung und Wissen an und begünstigt ebenfalls die Meditation.

Blau Eine der drei Grundfarben. Sie steht für Idealismus, Glaube und Kontemplation, in irdischer Hinsicht für Treue und Sanftmut.

Grün Die Farbe der modernen Chirurgen. Sie begünstigt Heilung und Schaffung von Neuem. Sie ist das Fluidum des Lebens, Vitalität und Hoffnung.

Gelb Die zentrale Farbe der drei Grundfarben. Sie symbolisiert das objektive Geschehen und, in gewisser Weise, die Unbeweglichkeit; aber sie steht auch für Intuition.

Orange Im Westen sieht man diese Farbe wegen ihrer Wildheit, ihres Egoismus und ihres grausamen Triebes in der Nähe von Rot. Aber in positiver Hinsicht bestärkt sie die Treue.

Rot Eine der drei Grundfarben. Während sie bei der Dreiteilung der Hölle entspricht, ist sie in unserer materiellen Welt das Symbol für Aktion, Feuer, Mut und Energie und manchmal für leidenschaftliche Liebe.

Sieben bis Neun und abgeleitete Farben

Weiß Synthese des Sonnenspektrums durch »Addition« der Spektralfarben. Der Farbe Weiß wird bei uns im Westen Reinheit, Unschuld, Friede, Aufrichtigkeit und Versöhnung (Friedenstaube) zugeordnet.

Silber	Höhere Stufe von Weiß. Die Analogie von Silber zum Mond bezeichnet die seelischen Schätze und die moralische Vollkommenheit.
Gold	Höhere Stufe von Gelb. Farbe der Sonne. Steht für intellektuelle und geistige Vollkommenheit.
Schwarz	Gegensatz zu Weiß, entsteht durch »Subtraktion« der Farben. In unserer Kultur gilt sie als Farbe der Hoffnungslosigkeit, der Verschleierung und des Verhängnisses. Aber in gewisser Weise steht sie auch für Erlösung und Aufbruch (die schwarze Jungfrau führt uns dies vor Augen).

Andere Symbolfarben

Grau	Angst und Trauer, Gleichgültigkeit und Vergessenheit, seltener Losgelöstheit.
Purpur	Die Farbe der Prinzen und der Militäroberhäupter, also entweder Vernunft und Spiritualität oder Willenskraft und Herrschaft.
Rosa	Gleiche Definition wie bei der Rose, symbolisiert alles, was mit Menschlichkeit zu tun hat.
Braun	Analog zu der groben Wollkleidung unserer Mönche bezeichnet sie Zurückhaltung, Abgeschiedenheit und Verschwiegenheit; ein Schutz gegen die äußeren Einflüsse.

Der Umgang mit den Tarot-Karten

Wiederholung der Interpretation der 22 hohen Arkanen
(Auszug aus dem »Livret explicatif des tarots divinatoires«*)

(*«Handbüchlein zum Tarot als Wahrsagemedium«, ein in deutscher Sprache bisher nicht erschienenes Werk der Autorin, Anm.d.Übers.)

Tarot als Wahrsagemedium

Entdecken, verstehen, sich entscheiden, handeln.
Was ist Tarot? Woher kommt es? Wozu dient es? Viele Fragen auf einmal, die zu beantworten sind.

Sein Ursprung in einer fernen Vergangenheit ist voller Geheimnisse, seine Vergangenheit liegt völlig im Dunkeln, doch ganz ohne Zweifel geht eine außergewöhnliche wahrsagerische Macht von ihm aus. Als Buch der Weisheit und der Erkenntnis öffnet es die Tür zur Initiation.

Es besteht aus 78 Karten, die in 22 »große« und 56 »kleine« Arkanen unterteilt sind. Im allgemeinen benutzt man die 22 hohen Arkanen zu einer ersten Deutung, und diese wird dann durch zusätzliche Aufschlüsse der kleinen Arkanen ergänzt.

Das Tarot hat einen erstaunlich vibrierenden Einfluß, und wie eine psychologische Abhandlung in Bildern vermag es, mitzuteilen, vorzuwarnen, Lösungen zu bringen und sich selbst und andere besser kennenzulernen.

Wie jede wirklich ernsthafte Art des Wahrsagens fordert auch das Tarot dazu auf, zu handeln und Verantwortung zu übernehmen. Denn die Götter befragt man nicht nur aus Lust und Laune: wenn man sie schon bemüht, um eine Antwort auf seine Kümmernisse zu finden, heißt das auch, daß man sich in keinem Fall über die Auskunft hinwegsetzen darf.

Tarot hat nicht die Macht, die Ereignisse zu beeinflussen, und der Tarot-Wahrsager ist, über die Arkanen, nur ein Bote. Es ist also zwecklos, Wunder von ihm zu erwarten. Dafür ist es aber möglich, auf die Zukunft Einfluß zu nehmen, wenn man die Ereignisse schon in dem Moment kennt, in dem die Befragung stattfindet. Was würde es nützen, die Zukunft zu kennen, wenn man an ihrem Verlauf nicht das geringste ändern könnte?

Alle jene, die mit Tarot-Karten umgehen, müssen sich bewußt sein, daß sie eine märchenhafte und reiche Macht voller Offenbarung in den Händen halten. Ein Tarot-Wahrsager muß ein guter Psychologe sein, er muß menschlich sein, zuhören, verstehen und die Schwierigkeiten derer begreifen können, die bei ihm Rat suchen, er muß unvoreingenommen sein und vor allem das, was ihn selbst beschäftigt, immer beiseite lassen können. Der Tarot-Wahrsager ist ein »Seelenarzt« und darf nicht vergessen, daß es seine Aufgabe ist, seelische Wunden zu behandeln. Damit die Aussage der Karten richtig aufgenommen und verstanden wird, muß sie mit dem Herzen, mit Zartgefühl und Leidenschaft ausgesprochen werden.

Das Lesen von Tarot-Karten

Das Legen von Tarot-Karten darf niemals als bloßer Zeitvertreib angesehen werden. Man schuldet den Karten die Achtung, die man vor allen Dingen hat, die eine hohe Tradition haben. Niemand darf sich also erlauben, sich ohne den nötigen Ernst ihrer zu bedienen. Wer die Karten legt, muß in einer Atmosphäre der Ruhe und der Sammlung arbeiten, in aufrichtigem Glauben und ohne jemals zu vergessen, daß er an ein Berufsgeheimnis gebunden ist.

Um das Tarot ist sehr viel Aberglaube entstanden, und es steht jedem frei, dem soviel Bedeutung beizumessen, wie er will. Es ist jedoch unerläßlich, sich an einige Grundregeln zu halten.

— Keine Karte darf aus dem Spiel genommen werden;
— jede gezogene und gelegte Karte muß an ihrem Platz gelassen werden;
— die Befragung muß ohne Zeugen vorgenommen werden;
— die Deutung muß in einer Atmosphäre ritueller Achtung vor sich gehen;
— die Ausdrucksweise, derer man sich bedient, muß beruhigend sein und darf nicht beängstigend wirken;

— ein Tarot-Spiel ist ein »persönlicher« Gegenstand; es darf nicht verliehen werden.

Tarot zu deuten, erfordert keine besondere Begabung. Die Intuition in jedem von uns wartet nur darauf, geweckt zu werden und uns zu dienen. Lassen wir also durch das Tarot, einen wahrhaft heiligen Spiegel, unserer Intuition freien Lauf, und es wird unser bester Freund werden. Halten wir uns dabei stets vor Augen, daß mit Zeit, Geduld, Beharrlichkeit und selbstverständlich Liebe zum Nächsten alles möglich wird!

Le Bateleur - Der Magier

Ein junger Mann steht vor einem Tisch, auf dem sich verschiedene Gegenstände befinden.
Nummer 1: Beginn einer Handlung, Urgrund.
Der Einfluß des Merkur betont seine Intelligenz, sein Können, sein Feuer und seinen Enthusiasmus.
Als erste Karte des Tarot fordert uns dieser dynamische junge Mann auf, ihm zu folgen und öffnet den Weg zur Initiation. Er besitzt die vier Elemente, mit denen er sein Handeln zu einem guten Ende führt und aus allem, was sich ihm bietet, Nutzen zieht.
Das Element Wasser wird symbolisiert durch den Kelch, der für Empfindsamkeit und Weiblichkeit steht.
Das Element Erde wird symbolisiert durch die Münze, die für materielle Werte steht.
Das Element Feuer wird symbolisiert durch den Stab, der für Befehlsgewalt und Lebenskraft steht.
Das Element Luft wird symbolisiert durch das Schwert, das für die Intellektualität steht und die Möglichkeit gibt, Streitigkeiten ein Ende zu setzen.
Deutung: Macht, auf die Ereignisse Einfluß zu nehmen. Neues zu erreichen wird dank der Initiative und der enthusiastischen Energie erleichtert. Tiefer und aufrichtiger Wille, zu neuen Taten zu schreiten, mit besten Aussichten auf Erfolg.
Schlüsselwörter: Beredsamkeit, Aufgewecktheit, Fingerfertigkeit, Flexibilität, Findigkeit, Dynamik, Intelligenz.

La Papesse - Die Päpstin

Eine sitzende, verschleierte, gekrönte Frau, die ein Buch in den Händen hält.
Nummer 2: Symbol für Opposition und Reflexion.
  Der Einfluß des Saturn verstärkt die Langsamkeit, aber begünstigt innere Strukturen und innere Suche.
Die Päpstin und ihr Schleier drücken Rätselhaftes und Geheimnisvolles, die Gesamtheit aller verborgenen Dinge aus. Unbeweglich und schweigend, mit dem Buch der Weisheit und der Erkenntnis in den Händen, bleibt sie undurchdringlich und wahrt in ihrem Innersten alle Reichtümer der Mysterien. Ihre weltliche und geistige Macht wird bestätigt durch die Tiara, über der als Symbol für Weiblichkeit, Fruchtbarkeit, Intuition und Vorstellungskraft oft eine Mondsichel steht. Als Hüterin des Einweihungstempels wird die Päpstin ihren Schleier nur dann lüften, wenn sich der Eingeweihte dessen als würdig erweist.
  Deutung: Meditation, Reflexion und Glaube machen die Stärke der Päpstin aus. Ruhe und Intuition führen sie zur verborgenen Erkenntnis. Obgleich sie nicht sehr aktiv ist, führt ihre innere Ausstrahlung zu bereicherndem Tun.
  Schlüsselwörter: Verschwiegenheit, Zurückhaltung, Geduld, Ruhe, Weisheit, Geheimhaltung, Erwartung, Reifeprozeß.

L'Impératrice - Die Herrscherin

Eine sitzende, gekrönte Frau, die Zepter und Schutzschild in den Händen hält.
Nummer 3: Führt zu Tatkraft, wobei die Dualität beherrscht wird.
  Der Einfluß von Merkur und Venus geben dieser Karte Reiz und Gefühl einerseits, Intelligenz und Aktivität andererseits. Sie hält das Zepter der Macht in der Hand und trägt die goldene Krone, die ihre Würde bestätigt. Als Symbol für die alles begreifende Weisheit wird die Herrscherin von einem

Wappen beschützt, auf dem als Symbol von Macht und Stärke ein Adler abgebildet ist.

Immer bereit zu Tat und Bewegung, erlaubt die Herrscherin Erhebung und Flug — oft symbolisiert durch Flügel. Sie entfaltet ihre ganze Energie für die Verwirklichung ihres Ideals, wobei sie alle Situationen perfekt beherrscht.

Deutung: Die Herrscherin bringt Verwirklichung durch Aktion. Sie ist intelligent und intuitiv, und ihre Ideen sind fruchtbar. Heiter und weiblich kündigt sie Glück und Erfolg an und erlaubt das Vorankommen. Als Mittlerin begünstigt sie alle Verbindungen, Ortswechsel und Neuigkeiten.

Schlüsselwörter: Aktion, Bewegung, fruchtbare Ideen, Intelligenz, Realisierung, Differenzierungsvermögen, Charme, Kreativität.

L'Empereur - Der Herrscher

Ein sitzender, gekrönter Mann, der ein Zepter fest in der Hand hält.

Nummer 4: Ist stark und tatkräftig und gibt ein sicheres Gleichgewicht.

Der Einfluß des Jupiter gibt dieser Karte große Sicherheit, Autorität und beharrlichen Willen.

Mit seinem festen Helm, also gut geschützt, ist der Herrscher würdevoll und selbstsicher. Er hält das Zepter der Macht und des Willens fest in der Hand. Mit Bestimmtheit, Energie und Autorität behauptet er seine Herrscherposition in der materiellen Welt: ein Hauch von Entschiedenheit ist spürbar.

Als Mann der absoluten Macht verkörpert er Solidität, Stabilität und mächtigen Schutz. Das Gesicht ist zur Herrscherin gewandt, er erwartet ihre Botschaft: sie ist die Aktion, er die Realisation.

Deutung: Große Meisterschaft im Lenken einer Aktion oder einer Situation. Durch seine uneingeschränkte Macht und seine männliche Stärke gibt der Herrscher eine bevorstehende Realisierung an, eine schnelle Konkretisierung von Plänen. Der

Herrscher ist aber nicht nur ein solider und wirksamer Halt, ein starker und energievoller Beschützer, sondern kann auch ein furchterregender Gegner sein, der zäh und tyrannisch Widerstand bietet.

Schlüsselwörter: Realisierung, Kraft, Autorität, Willensstärke, Stabilität, Energie, Schutz, Führerschaft.

Le Pape - Der Papst

Ein gekrönter Hohepriester, sitzend und mit einem Zepter in der Hand. Zwei Gläubige, die neben ihm knien.

Nummer 5: Als Mittlerin bringt diese Karte Erkenntnis und Gleichgewicht.

Der Einfluß von Venus und Saturn gibt ihm Harmonie und Treue einerseits, Schlüssigkeit und Urteilskraft andererseits. Der Papst gibt seinen Segen und weist so den Weg der Vernunft und des Heils. Sein weißer Bart, das Zeichen für langjährige Erfahrung, bestätigt seine Kompetenz, sein Wissen und seine Würde. Seine imposante Tiara verleiht ihm höchste Autorität und Macht, die durch das Zepter bestätigt wird.

Dieser große »Beschützer« beherrscht die »drei« Welten — Unten, Mitte und Oben — und versichert uns seiner Macht über Geist, Seele und Körper. Die beiden knienden Gläubigen symbolisieren Yin und Yang, das Gute und das Böse, die widerstreitenden Kräfte im Menschen. Sie warten voller Vertrauen auf die Botschaft ihres Herrn, denn durch seine Kompetenz und seine Demut weiß der Papst zu beruhigen und zu beschwichtigen.

Deutung: Diese Karte des gesunden Menschenverstandes, der Moralität und der Achtbarkeit bringt Sicherheit, Gleichgewicht und geistige Macht. Der Papst ist Schutz, Chance und Vorsehung... Sein sehr positives Fluidum neutralisiert negative Wellen und Wirkungen und bringt Frieden.

Schlüsselwörter: Spiritualität, Güte, Achtbarkeit, Schutz, Großmut, Wohlwollen, Kompetenz, Sicherheit.

L'Amoureux - Der Liebende

Ein unbeweglicher junger Mann, der sich zwischen zwei Frauen (oder zwei Wegen) entscheiden muß. Über ihm Cupido, der sich anschickt, einen Pfeil abzuschießen.

Nummer 6: Oft die »Karte der Sünde« genannt. Die 6 bezeichnet die Konfrontation von Gut und Böse.

Der Einfluß der Venus gibt dem Liebenden viel Gefühl, Sanftmut und Ergebenheit.

Stillstehend, vor einer inneren Entscheidung, sucht der zögernde junge Mann seinen Weg.

Auf der einen Seite versucht eine junge Frau mit reinen Gesicht, das die Tugend symbolisiert, seine Aufmerksamkeit auf sich zu ziehen, um ihn auf einen Weg der Weisheit und des Glaubens zu führen.

Auf der anderen Seite bemüht sich eine andere, überzeugendere junge Frau, die das Laster der Versuchung symbolisiert, ihn auf einen Weg der unmittelbaren, aber kurzlebigen Vergnügungen zu ziehen.

Der Engel schickt sich an, den Pfeil abzuschießen. Dies ist ein Prinzip der Aktion und der Bewegung: indem er dem Eingeweihten die Erkenntnis erschließt, bringt er ihn auf den gewählten Weg.

Deutung: Leichtlebigkeit oder Mühsal? Diese Karte stellt uns vor eine innere Prüfung, sie drängt uns, eine Entscheidung zu treffen. Oft bleibt vor der endgültigen Entscheidung Zeit für Willensäußerungen. Der Liebende zeigt uns, daß man in der Lage sein muß, verantwortungsbewußt zu handeln und seinen Weg ohne Schwäche zu wählen, nachdem man das Für und das Wider abgewägt hat.

Schlüsselwörter: Innere Wahl, Zögern, Schwäche, Versuchung, Übelegung, innere Prüfung, Dualität, Unsicherheit.

Le Chariot - Der Triumphwagen

Ein junger Mann auf einem Kampfwagen, der von Pferden oder Sphinxen gezogen wird.
Nummer 7: Symbol für Strahlkraft. Als geheiligte Karte der Vollendung steht sie für einen positiven Wandel.

Der Einfluß des Mars betont Kampf und Mut, Energie und feurige Stärke.

Selbstsicher zieht der junge Mann auf seinem Wagen aus, um für die Verwirklichung eines Ideals zu kämpfen. Er ist gepanzert, um gegen Angriffe gewappnet zu sein, und trägt die goldene Krone der Macht und das Zepter der Herrschaft und der Autorität.

Der fahrende Triumphwagen wird von Pferden oder Sphinxen gezogen. Es handelt sich dabei um zwei starke, einander entgegengesetzte Kräfte, die sich vereinen, um ihren Herrn zum endgültigen Sieg zu führen. Sie sind blau-rot oder schwarz-weiß und symbolisieren das Gleichgewicht zwischen Weltlichem und Geistlichem, zwischen Yin und Yang.

Die Räder des Triumphwagens drehen sich unentwegt und zeigen damit, daß die Kreisläufe des Lebens unendlich sind. Der leidenschaftliche und selbstsichere junge Mann fährt in die Welt hinaus, um zu kämpfen, zu siegen und zu triumphieren, ungeachtet der Hindernisse, die sich ihm in den Weg stellen mögen.

Deutung: Kraft und Stärke führen zu Sieg und Triumph. Große Beliebtheit und finanzieller und materieller Erfolg geben Selbstvertrauen. Die Beweglichkeit der Karte bestätigt alle Ortswechsel und Reisen und begünstigt Vorankommen in persönlicher Entwicklung.

Schlüsselwörter: Sieg, Triumph, Erfolg, Chance, gutes Gelingen, Macht, Kraft, Stärke.

La Justice - Die Gerechtigkeit

Eine sitzende Frau, die in ihren Händen eine Waage und ein Schwert hält.

Nummer 8: Symbol des Unendlichen. Kosmische Karte ohne Anfang und Ende.

Der Einfluß von Venus und Saturn (wie beim Papst) bestätigen das Bedürfnis nach Wahrheit und Gerechtigkeit sowie Urteilskraft und Strukturen.

Kalt und streng repräsentiert die junge Frau die »göttliche Gerechtigkeit«. Ihr Barett, über dem eine kleine Krone sitzt, führt uns ihre Souveränität und die Strenge des Gesetzes vor Augen.

Wie Themis hält sie ein Schwert und eine goldene Waage in den Händen. Als Symbol der Stärke und der Macht über Leben und Tod gibt das Schwert demjenigen Macht, der es in den Händen hält: es wird brutal zuschlagen, um die Bösen zu bestrafen und die Guten zu schützen. Die Waage, Symbol für Gleichgewicht und Behutsamkeit, dient dazu, Taten und Absichten zu wägen.

Auf einem Thron mit festem Fundament sitzend, verkörpert die junge Frau Stabilität und Strenge. Unerbittlich wird sie, streng, aber gerecht, ihren Urteilsspruch fällen.

Deutung: Diese Karte ist geradlinig, strikt, methodisch und geordnet und repräsentiert alles, was mit Gerechtigkeit oder Gesetz zu tun hat (Heirat, Ehescheidung, alle möglichen Verträge, Erbschaften, Vereinigungen, Prozesse...).

Indem sie das »Für« und das »Wider« abwägt, bringt sie denen Gleichgewicht, die es suchen.

Ihre Ehrsamkeit, Disziplin und Achtung vor dem Gesetz machen sie manchmal ein wenig zu streng, aber ihr Urteil wird gerecht sein.

Schlüsselwörter: Schlüssigkeit, Ordnung, Methode, Strenge, Härte, Disziplin, Gleichgewicht, Vernunft.

L'Ermite - Der Einsiedler

Ein alter Mann geht seines Weges, eingehüllt in einen großen Mantel, mit einer Laterne in der Hand.
Nummer 9: Öffnet den Weg zu Initiation und Erkenntnis.
  Der Einfluß des Saturn begünstigt die innere Suche, aber betont Mißtrauen und Rückzug aus der Welt.
Eingehüllt in einen großen Mantel, um seine Verschwiegenheit und seine Ablehnung alles Künstlichen zu zeigen, schreitet der Einsiedler langsam und vorsichtig auf dem Weg der Erkenntnis voran. Dieser alte Mann symbolisiert den Ablauf der Zeit und des Lebens: er steht für die im Laufe der Jahre gewonnene Erkenntnis.
Seine Laterne erhellt und hilft auf dem Weg der inneren Suche. Als Symbol der Vorsicht und der Weisheit erlaubt ihm sein Stab, mit den unterirdischen Kräften in Verbindung zu treten. Für sich allein begibt sich der Einsiedler auf die Suche nach der Wahrheit und weiß, daß seine Erfahrung nur wenig ist im Verhältnis zu dem, was er noch zu lernen hat.
  Deutung: Vorsicht, Weisheit und Geduld machen den tiefen Wert des Einsiedlers aus. Durch Zurückhaltung und Mißtrauen wird sein Leben einsam, aber seine Abgeschiedenheit macht es möglich, auf dem Weg der Erkenntnis und der inneren Suche weiterzukommen. Der Einfluß des Saturn hemmt die Resultate, zwingt zum Abwarten und erfordert Beharrlichkeit in den Bemühungen.
  Schlüsselwörter: Vorsicht, Verschwiegenheit, Zurückhaltung, Mißtrauen, Enthaltsamkeit, Meditation, Abgeschiedenheit, Weisheit.

La roue de fortune - Das Rad des Lebens

Ein sich drehendes Rad mit drei Menschen: einer klettert hinauf, der andere steigt herab, und der dritte ist oben.

Nummer 10: Die Rückkehr zur Einheit kündigt eine Erneuerung, eine Totalität an.

Der Einfluß von Uranus und Jupiter bestätigt eine Entwicklung in eine andere Dimension einerseits und bringt Dynamik und Chance andererseits.

Das Rad, das grundlegende Symbol dieser Karte, entspricht den verschiedenen Phasen des Lebens, den Zeiten des Neubeginns und der Erneuerung und dem immer wieder neuen Leben, in dem man ständig hinzulernt.

Auf der einen Seite erhebt sich das Gute zum Himmel und zum Licht: das ist die Entwicklung. Auf der anderen Seite sinkt das Böse zu Boden und in die Finsternis; das ist die Rückentwicklung.

Oben auf dem Rad thront unerschütterlich die Sphinx. Als Prinzip des Gleichgewichts hat sie die Macht, zu entscheiden, denn sie besitzt die Schlüssel der Erkenntnis.

Deutung: Das Rad dreht sich, es ist das Rad des Schicksals: ein Ereignis folgt auf das andere.

Chancen, Dynamik und Initiativen führen zu schnellen Wandlungen und beschleunigten Veränderungen. Die Bewegung begünstigt Reisen und verschiedene Ortswechsel. Doch auch wenn sich ausgezeichnete Gelegenheiten bieten, sollte man nicht kurzsichtig sein.

Schlüsselwörter: Reichtum, Erfolg, Initiative, Entwicklung, Instabilität, Kurzsichtigkeit, Risikofreude, Zufall.

La Force - Die Kraft

Eine junge Frau öffnet mühelos das Maul eines Löwen.

Nummer 11: Die 1 neben der 1 symbolisiert den inneren Kampf einer Kraft gegen eine andere Kraft.

Der Einfluß von Mars und Jupiter weist auf Kampf, Mut und Energie einerseits, auf Autorität, Kraft und Stärke andererseits hin.

Die junge Frau mit den klaren Gesichtszügen trägt einen Hut in Form einer 8, der das unendliche Tun symbolisiert. Ihre Hände,

Symbole der Aktivität und der Kreativität, stehen, das Maul des wilden Tieres öffnend, im Vordergrund.
Als Sinnbild für Kraft, Stärke und Herrschaft repräsentiert der Löwe die Kräfte des Instinktes, Stolz und die Überzeugung, allen überlegen zu sein.
Das Tier wird jedoch von einer zarten jungen Frau gebändigt, die durch ihre innere Energie, ihren Glauben und Willen, alle Situationen zu beherrschen weiß.
Zwei entgegengesetzte Kräfte, die eine brutal, die andere spirituell, kommen in Einklang, um eine einzige, unvergleichlich starke Kraft zu werden.

Deutung: Mit der Kraft wird Ihnen Stärke, Mut und Energie gegeben. Eine ausgezeichnete körperliche und geistige Widerstandskraft erlaubt es, alle Situationen zu beherrschen, und die Bemühungen sind erfolgreich. Dennoch sollte man sich vor aggressiven, heftigen und groben Reaktionen hüten.

Schlüsselwörter: Mut, Stärke, Selbstbeherrschung, Energie, Vitalität, Herrschaft, Aggressivität, Ungeduld.

Le Pendu - Der Gehängte

Ein junger Mann, der am linken Fuß aufgehängt ist, das rechte Bein hängt frei in der Luft.

Nummer 12: Weist auf das Ende einer Lebensphase, auf Opfer hin.

Der Einfluß des Neptun drückt gleichzeitig einen gewissen Mystizismus und mangelnde Energie aus, was manchmal zu Depressionen führt.

Die Arme hinter dem Rücken zusammengebunden, hat sich dieser junge Mann freiwillig aufgehängt, um sich den Schwierigkeiten des Lebens und den auszufechtenden Kämpfen nicht mehr stellen zu müssen. An einem Bein oben festgebunden, akzeptiert er sein Schicksal und verzichtet auf Macht, Befehlsgewalt und Taten.

Wenn die Zweige der beiden Stämme, die den Galgen tragen, abgesägt werden, wird ihr Lebenssaft dennoch nicht versiegen, sie werden wieder wachsen und Früchte tragen. Der Gehängte, dem an nichts mehr etwas liegt, verstreut großzügig seine Schätze. Er verzichtet auf jeden Besitz.

Deutung: Immobilität, Verzicht und Opfer sind das »Los« des Gehängten. Man stellt bei ihm Vitalitätsverlust und Mutlosigkeit fest, es sei denn, es handelt sich um eine Hingabe, die bis zur völligen Selbstvergessenheit geht.

Die spirituelle Entwicklung ist sicher, aber die Verwirklichung der Pläne ist blockiert. Die Unmöglichkeit zu handeln führt zu ohnmächtigem Abwarten.

Schlüsselwörter: Opfer, Verzicht, Mutlosigkeit, innere Prüfung, Ohnmacht, Hingabe, Initiation, Selbstaufgabe.

Die Arkane ohne Namen (Der Tod)

Ein Skelett mit einer Sense auf seinem Weg.

Nummer 13: Weist auf einen Wiederaufbau, einen Neubeginn.

Der Einfluß des Saturn bewirkt Traurigkeit, Verzögerungen, Fatalität und Hindernisse.

Der Schnitter ist ein Skelett, befreit von Oberflächlichkeit und äußerem Schein. Seine Sense geht durch Füße, Hände, Köpfe und Pflanzen, ohne ihnen ein Leid anzutun: das Skelett mäht nur seine eigene Vergangenheit.

Die Sense, Symbol für Fatalität und Tod, gibt auch Hoffnung auf ein neues Leben, auf Neubeginn und Wiederaufbau.

Hände und Füße tauchen aus der Erde auf, bereit zum Handeln, und die von materiellen Erfordernissen befreiten Köpfe finden wieder Ruhe und Frieden.

Deutung: Mit diesem Schnitter der Vergangenheit wird ein wichtiger Wandel angekündigt. Er symbolisiert das Ende einer Sache, Brüche und Trennungen. Saturn verdeutlicht seine Einsamkeit, seine Wehmut und seine Fatalität.

Diese Karte steht, ein wenig beunruhigend, für den unausweichlichen Gang der Entwicklung.

Schlüsselwörter: Wandel, Befreiung, Langsamkeit, Fatalität, Bruch, Traurigkeit, Trauer um einen Verstorbenen.

La Temperance - Der Ausgleich

Eine junge Frau mit Flügeln, die Wasser von einem Krug in einen anderen gießt.
Nummer 14: Ausdruck eines glücklichen Wandels, das Gleichgewicht in der Erneuerung.

Der Einfluß von Uranus und Saturn erlaubt Entwicklung durch Strukturen. Die junge, sanfte und beflügelte Frau ergießt unermüdlich Wasser, das Lebenselixier der Fruchtbarkeit und der Reinigung. Die Krüge oder »Lebensspender« stellen das vollendete Gleichgewicht zwischen dem Materiellen und dem Spirituellen dar.
Der Aufstieg ist langsam, aber stetig, das Vorwärtskommen ausgeglichen und ruhig. Diese umgängliche und anpassungsfähige Karte erlaubt es, zu einer vollkommenen Ausgeglichenheit zu gelangen.

Deutung: Diese gemäßigte, ausgewogene und flexible Karte hat die Macht, alle Karten in ihrer Umgebung abzuschwächen. Sie beruhigt und beschwichtigt bei inneren Prüfungen und Schwierigkeiten. Da sie anpassungsfähig ist, erleichtert sie Beziehungen und bietet Harmonie und inneren Frieden.

Schlüsselwörter: Ruhe, Ausgeglichenheit, Harmonie, Friede, Geselligkeit, Gleichgewicht, Passivität, Ausgleich.

Le Diable - Der Teufel

Eine Zwittergestalt steht auf einem Podest. Zwei kleine Gestalten sind an diesem Podest angekettet.
Nummer 15: Karte des Satans, der seinen Willen durchsetzt.

Der Einfluß von Jupiter und Pluto macht den Teufel furchterregend durch seinen Hochmut und gibt ihm einen dunklen, geheimnisvollen und gewaltigen Einfluß.
Diese Gestalt, die das »Böse« verkörpert, hat eine starke Macht. Beunruhigend, mit ihren Fledermausflügeln (Symbol für Angst und Schrecken) und oft dargestellt mit den Füßen und dem Kopf eines Bockes (oder eines Ungeheuers), schmiedet sie

gleichzeitig Ränke und verbreitet Angst. Diese Zwittergestalt ist aus Hochmut auf ein Podest gestiegen, und aus Herrschsucht hat sie zwei Sklaven angekettet, die die Ausgeburten des Teufels sind. Sie symbolisieren Herrschaft und Unterwerfung des Menschen, der ein Sklave der materiellen Welt ist. Einen Arm erhoben, saugt der Teufel die Lebensenergien auf, die er mit dem anderen Arm, der eine Fackel hält, gespendet hat.

Deutung: Die Macht der Herrschaft über andere, Gelüste und Versuchungen, Ausschweifungen und Leidenschaften sind die Einflüsse dieser Karte XV. Sie bestätigt Intrigen, Mißgunst, Liebschaften und Anwendung unlauterer Mittel, aber eine starke Energiequelle gibt ihr auch eine dunkle und lebenswichtige Kraft.

Schlüsselwörter: Ausschweifung, Leidenschaft, Herrschaft, Hochmut, materielle Macht, Intrige, Vertrauensmißbrauch, Lebenskraft.

La Maison Dieu - Der Turm

Ein Turm mit Zinnen, in den der Blitz einschlägt. Zwei Menschen erleiden eine himmlische Strafe.
Nummer 16: Symbolisiert Aufbau und Zerstörung. Diese Karte ist gleichzeitig Gerechtigkeit und himmlische Strafe.

Der Einfluß des Pluto drückt den Willen und die Macht der mysteriösen und unheilvollen Kräfte aus.
Der Turm erinnert uns an eine Gebäude menschlicher Hochmut: den Turmbau zu Babel.
Der Mensch hat geglaubt, er könne den Himmel mit einem materiellen, von Menschenhand geschaffenen Gebäude herausfordern. Erzürnt zerstört der Himmel durch einen Blitz den oberen Teil des Turmes. Damit will er vor Augen führen, daß es gefährlich ist, sich zu hoch zu erheben und dabei nur auf die menschlichen Kräfte zu vertrauen.
Das Schicksal erlaubt es dem Erbauer des Turmes, am Leben zu bleiben. Er kann sich wieder erheben und an seinem Ausgangspunkt neu beginnen. Der geistige Vater dagegen, der

mit dem Bau gleichgesetzt wird, erleidet einen tödlichen Schlag. Die farbigen Kugeln symbolisieren verlorene Energien, aber sie sind auch die Keime eines neuen Baues.

Deutung: Erschütterungen und Schläge werden angekündigt, aber diese Vorwarnung rät auch zur Vorsicht.
Diese Karte des Konfliktes, der Prüfungen und der Erschütterungen ist bei den Ratsuchenden nicht beliebt. Dennoch ist sie notwenig für unsere Weiterentwicklung und unser Vorankommen im Leben.

Schlüsselwörter: Warnung, Vorwarnung, Erschütterung, Unvorsichtigkeit, Mißerfolg, Sturz, Unstimmigkeit.

Les Etoiles - Der Stern

Ein junges, kniendes Mädchen gießt an einem Seeufer Wasser aus. Acht Sterne leuchten über ihm.
Nummer 17: besteht aus Glaube und Hoffnung und bringt Gleichgewicht und Stabilität.

Der Einfluß der Venus gibt ihr Reiz, Sanftmut, Ergebenheit, Sympathie und Glück.
Dieses junge, reine und spirituelle Mädchen gießt Wasser in die Unendlichkeit. Die Krüge, die Behälter des Lebens, die das für Fruchtbarkeit und Reinigung notwendige Wasser enthalten, hat sie von der jungen Frau des Ausgleichs.
Der zentrale Stern, genannt der Stern des Hirten, die Venus, Symbol für Liebe und Harmonie, dringt durch die Finsternis und wird zum Leitstern.
Als Quellen des Lichts geben sieben weitere Sterne neue Hoffnung und neues Vertrauen in das Leben.

Deutung: Wie der Ausgleich hat auch der Stern die Fähigkeit, alle Karten in ihrer Umgebung zu mildern. Ihr positiver und wohlwollender Einfluß begünstigt alle Unternehmungen.
Diese Karte XVII gibt Schutz: sie ist unser »guter Stern«.

Schlüsselwörter: Hoffnung, Harmonie, Sanftmut, Liebe, Entfaltung, Glück, Spiritualität, Schutz.

La Lune - Der Mond

Der Mond wirft sein Licht auf eine Landschaft mit zwei bellenden Hunden. Im Vordergrund ein Krebs in seinem Sumpf.
Nummer 18: Steht für Unzufriedenheit und Traurigkeit.

Der Einfluß des Mondes verstärkt Phantasie, Intuition, Träumerei und Sensibilität. Als weibliches Prinzip zieht der Mond, Symbol phantasievoller Schöpfungen, alles an sich, ohne etwas dafür zu geben.
Der Krebs im Vordergrund erinnert uns an die Vergangenheit und an das Bedürfnis, sich zurückzuziehen. In seinem Sumpf versteckt, gefällt er sich in seiner Routine und seinen Gewohnheiten. Die einander gegenüberstehenden Hunde stellen den Gegensatz zwischen Gut und Böse dar, während die Türme eine beschützende Rolle spielen.
Den Sumpf verlassen, sich von der Vergangenheit befreien, Hindernisse überwinden, den Schutz der Türme aufgeben, auf den Horizont zugehen, das sind die Dinge, die man tun muß, um aus der Dunkelheit herauszukommen und die Sonne zu entdecken.

Deutung: Der Mond begünstigt das Reich der Phantasie, der Intuition und des Traumes. Da diese Karte passiv ist, führt sie oft zu Enttäuschungen, Illusionen und Depressionen. Da sie fruchtbar ist, schützt sie Heim und Familie und kündigt Geburten an.

Schlüsselwörter: Fruchtbarkeit, Intuition, Phantasie, Passivität, Enttäuschungen, Dunkelheit, Desillusion, Tücken.

Le Soleil - Die Sonne

Die Sonne wirft ihr Licht auf ein junges, eng umschlungenes Paar. Ein Regen von kleinen Tröpfchen ergießt sich über sie.
Nummer 19: Wie ein Voranschreiten symbolisiert diese starke Karte die Evolution.

Der Einfluß der Sonne gibt dieser Karte Glanz, Ausstrahlung, Ehrung und Lebenskraft.
Im Gegensatz zum Mond, der alles an sich zieht, läßt die Sonne einen Regen von Energie auf die Erde und die Menschen herniedergehen.
Die Sonne, Symbol für Autonomie und Schöpfung, bringt mit ihrem Glanz Licht, Wärme und Leben. Die Jugend des Paares gibt die Gewißheit einer an Hoffnung und Liebe reichen Zukunft. Ihre Arme vereinen sich, um eins zu werden, und zu zweit bilden sie ein vollkommenes Gleichgewicht zwischen dem Materiellen und dem Spirituellen.
Geschützt durch die Mauer aus Ziegelsteinen, die sie umgibt, sind sie voller Liebe und Freundschaft im Einverständnis und Einklang mit dem Leben.
Deutung: Der stark beschützende Einfluß der Sonne gibt ausgezeichnete Möglichkeiten, zu glänzen und Erfolg zu haben.
Die Sonne ist nicht nur ein Zeichen für Ferien, sondern steht auch für Liebe.
Die Karte verspricht Erfolg, sowohl im materiellen als auch im beruflichen Bereich. Die Sonne spendet Zufriedenheit, Freude, Glück, Lebenskraft...
Schlüsselwörter: Entfaltung, Ausstrahlung, Glanz, Ansehen, Ehrung, Urteilsvermögen, Talent.

Le Jugement - Das Gericht

Drei Gestalten steigen aus einem Grab oder aus der Erde. Über ihnen bläst ein Engel die Trompete.
Nummer 20: Symbolisiert die Wiederauferstehung und das Jüngste Gericht.
Der Einfluß von Merkur und Uranus bewirkt Aktion und Bewegung einerseits, Unvorhergesehenes und Erschütterungen andererseits.
Der Engel wacht über der Welt und bläst seine goldene Trompete zum Zeichen der Mahnung. Seine Flügel stehen für

eine Erhebung zur Wahrhaftigkeit. Hinter ihm sieht man die langen Strahlen der Sonne, die ihr Licht auf die Menschen werfen, die aus der Erde steigen. Das unbekleidete, das heißt von der Vergangenheit freie Paar erhebt sich langsam, und alles, was in ihrem Innersten ruhte, erwacht nun und erscheint in ganzer Klarheit. Das Kind als Bild für Unschuld und Reinheit symbolisiert die verdrängten Wünsche, die endlich frei werden.
Der verkündende Engel erweckt mit seiner Trompete die Toten wieder zum Leben, er weckt unser Bewußtsein: das ist die Wiedergeburt, die Erneuerung.

Deutung: Mit dieser Karte werden Neuigkeiten angezeigt. Unerwartete und überraschende Ereignisse erschüttern die Gegebenheiten in einer im allgemeinen positiven Weise. Beziehungen zur Mitwelt, Ortswechsel und Studien werden begünstigt, und die Inspiration führt zu einer schnellen »Wiederauferstehung«.

Schlüsselwörter: Inspiration, Wiederauferstehung, Erneuerung, Dynamik, Enthusiasmus, Unvorhergesehenes, Befreiung, schnelle Veränderung.

Le Monde - Die Welt

Eine unbekleidete junge Frau inmitten eines Lorbeerkranzes. In jeder Ecke erkennt man eines der Elemente.
Nummer 21: Als Symbol der Weisheit und der Reife ist die Karte Nummer 21 die Karte der Vollendung.

Der Einfluß der Sonne bringt Ruhm und Ehren, Glanz und Herrlichkeit. Um die unbekleidete junge Frau weht ein Tuch, und es sieht aus, als würde sie laufen inmitten ihres Lorbeerkranzes, der ein Symbol des Sieges und ein Zeichen für Ruhm ist, mit dem Helden und Weise geehrt werden. Einen Stab in der Hand haltend, gibt und nimmt sie Energie.
Das Element Erde wird symbolisiert durch den Stier (Macht). Das Element Feuer wird symbolisiert durch den Löwen und steht für Souveränität.

Das Element Luft wird symbolisiert durch den Adler und steht für Klugheit.
Das Element Wasser wird symbolisiert durch den Engel, der jeder Materialität entsagt hat.
Das Ganze ergibt den Zyklus einer Entwicklung.

Deutung: Der Mensch triumphiert im Sturm des Lebens. Diese Karte XXI ist ein Vorzeichen für eine sehr gute Zeit der Realisation und der Chancen, die man zu nutzen wissen sollte. Diese Karte führt zu Entfaltung und Erfolg in allen Bereichen.

Schlüsselwörter: Triumph, Chance, Erfolg, Sieg bei allen Ereignissen, Realisation, Entfaltung, Ruhm und Herrlichkeit.

Le Fou (Le Mat) - Der Narr

Ein bärtiger Mann geht seines Weges. Er trägt ein kleines Bündel über der Schulter und zieht einen Stock hinter sich her. Ein Luchs, der ihn in die Wade beißt, zwingt ihn zum Weitergehen.

Nummer 0: Zahl ohne Wert. Vor dem Erscheinen der Eins, der Offenbarung Gottes, gibt es nichts.

Der Einfluß des Uranus wirft Vorstellungen und Konventionen um, da er exzentrisch und aufrührerisch macht.

Der Weg der Initiation endet mit dieser zweiundzwanzigsten Karte. Sie stellt einen Vagabunden dar, der durch das Leben schlendert, ohne Ziel und ohne Unternehmenskraft. Sein ganzes (materielles und intellektuelles) Hab und Gut steckt in seinem mageren Bündel. Ohne auf den Luchs zu achten, der ihn in die Wade beißt, geht er weiter in die Zukunft, sein Schicksal und ein neues Leben.

Er besitzt einen unschuldigen und von Verantwortung freien Geist, der hilft, den Kreislauf des Lebens wiederherzustellen.

Deutung: Eine unsichere und wirre Zeit wird mit dieser Karte angekündigt, die auch Narreteien, Ausschweifungen und unüberlegte Handlungen nach sich zieht. In ihr stecken Originalität und Gedankenlosigkeit, aber auch sprudelnde Ideen, die sich nicht koordinieren lassen.

Schlüsselwörter: Eigenwilligkeit, Originalität, Instabilität, Freiheit, Schwanken, Gewissenlosigkeit, Verantwortungslosigkeit, Gedankenlosigkeit.

Das Leben geht seinen Gang, geht weiter, beginnt wieder neu.

Die vier Elemente

Bei den kleinen Arkanen finden wir die vier bekannten Elemente: Wasser, Erde, Luft und Feuer.
 Das Element Wasser symbolisiert unbewußte Triebe und Bereitschaft.
 Das Element Erde symbolisiert Festigkeit, Konzentration und Widerstand.
 Das Element Feuer symbolisiert Feuer, Enthusiasmus, Energie und Schaffenskraft.
 Das Element Luft symbolisiert Bindung und Mobilität.
Wasser = Kelch — Sensibilität, Gefühlsbetontheit.
Erde = Münze — Materialität.
Feuer = Stab — Feuer, Enthusiasmus.
Luft = Schwert — Intellektualität.

 Die Kelche haben eine enge Beziehung zu Gefühlen, Freundschaft, Liebe, großer Freude, Gefühlsleben und Glück.
 Die Münzen beziehen sich in besonderer Weise auf die materielle Seite des Lebens und demzufolge auf finanzielle Dinge: Gelderwerb, Transaktionen, Zinsen, Anleihen und alle Geldgeschäfte.
 Die Stäbe repräsentieren Aktivität im allgemeinen, Arbeit, Geschäfte und verschiedene Unternehmungen. Durch die den Stäben eigene Symbolik stehen sie für Kraft, Macht, Initiativen und Erfolgsmöglichkeiten.
 Die Schwerter weisen oft auf Schwierigkeiten, Prüfungen, Krankheiten, innere Qualen und Sorgen hin. Aber die Schwerter bedenken auch Intellektualität, geistige Öffnung und innere Stabilität.

Die Zahlen

Nach der kurzen Betrachtung der Elemente kommen wir zu den Zahlen der kleinen Arkanen, deren Sinn und Bedeutung man unbedingt kennen muß. Diese Zahlen sind die Grundlage der Interpretationen und machen das Verständnis der 56 Arkanen leichter.

1: Beginn, Anfang, Aktion. Die 1 ist ein Ausgangspunkt, ein Ursprung, ein Prinzip.
2: Dualität, Rivalität, Opposition. Die 1 sucht ihren Gegensatz oder ihre Ergänzung. Es kommt zu Union oder Dualität.
3: Aktivität, Aktion, Bewegung. Die Dualiät wird beherrscht.
4: Realisation, Konsolidierung, Stabilisierung. Starke Karte, die Gleichgewicht gewährleistet.
5: Fortschreiten, Erneuerung, Gleichgewicht. Als Vermittlerin ist die 5 die Karte der Erkenntnis.
6: Opfer, Prüfung, Fatalität. Die 6 steht für Opposition, eine Prüfung zwischen Gut und Böse.
7: Aktion, Kraft, Stärke. Karte der Chance, die positiven Wandel und Erfolg anzeigt.
8: Diese sogenannte »kosmische« Karte repräsentiert die Unendlichkeit. In vielen Fällen zeigt sie ein Gleichgewicht an, aber manchmal auch sogenannte »gewaltsame« Veränderungen.
9: Verwandlung, neuer Zyklus. Die 9 kündigt gleichzeitig ein Ende und einen Neubeginn an.
10: Entwicklung, Erfolg, Tatkraft. Der Gipfel ist erreicht.

Die 56 kleinen Arkanen

1.
Die Kelche

Kelch-As

Das Kelch-As wird dargestellt durch einen riesigen Kelch, der auf den ersten Blick an die Umrisse eines Hauses erinnert. Die Farben weisen ebensosehr auf Intuition (gelb) als auch auf Spiritualität (blau) hin, durch das Rot kommt auch die Aktivität hinzu.
O. Wirth fügt für die Vitalität noch einen Tupfer Grün hinzu.

Dieses Kelch-As bringt sehr viel Freude, Glück und Zufriedenheit in das Gefühlsleben (ob Liebesbeziehungen, Familienleben oder Freundschaften). Sie ist also sehr gut in den Häusern IV (Ehe), V (Liebesleben) und VII (Vereinigungen, Heirat). Sie kann auch eine neue Begegnung, den Beginn einer Zuneigung oder einer Liebe ankündigen, vor allem, wenn diese Karte über einem Magier, über einer Sonne oder über den Sternen liegt.

Sie begünstigt eine Wiederherstellung der Gesundheit (Haus VI) und gibt an, daß der Fragende in geschäftlichen Dingen (ebenfalls Haus VI) zu sehr seine Gefühle walten läßt oder daß seine berufliche Tätigkeit sogar mit einer Gefühlsangelegenheit verknüpft ist.

Alles in allem bringt diese Karte Enthusiasmus, Fülle im Privatleben und inneren Frieden. Sie erleichtert neue Begegnungen, bestätigt aufrichtige und feste Freundschaften, erlaubt die Verwirklichung von Plänen und begünstigt hohe Ziele.

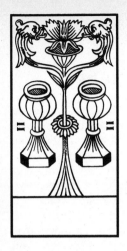

Kelch-Zwei

Zwei Kelche nebeneinander (Tarot de Marseille), oder übereinander (Tarot de Wirth). In beiden Fällen sind sie gelb (Intuition und Intelligenz) und innen rot, um die innere Aktivität anzuzeigen.

Die beiden Kelche bringen Dualität der Gefühle und Kampf im Gefühlsleben. Diese Karte ist also nicht sehr günstig für Ehe und Liebe (Häuser IV, V und VII). Die familiären Beziehungen (Haus III), Liebesbeziehungen (Haus V) und freundschaftliche Beziehungen (Haus XI) werden in Unruhe geraten. Man wird Widerstand zu spüren bekommen, und es wird Mißverständnisse und Enttäuschungen geben. Eifersüchteleien und Intrigen werden bestätigt, wenn diese Karte mit dem Teufel zusammenkommt. Heimliche Liebe und Ehebruch werden mit der Päpstin bestätigt, insbesondere in Haus XII.

Liebesbeziehungen, Zuneigungen und Freundschaften laufen mit der Herrscherin oder dem Narr Gefahr, oberflächlich zu sein. Mit dem Liebenden wird man eine tiefe Unsicherheit fühlen. Wenn dieses Kelche-Paar schließlich auf der Arkane ohne Namen (XIII), dem Gehängten oder dem Turm liegt, wird es unangenehme Konsequenzen haben und Enttäuschungen und Besorgnisse bringen, da es zu Trennungen, Uneinigkeiten und Unstimmigkeiten führen kann. Diese Karte der Dualität stellt Sie anderen gegenüber in eine Konfliktposition, und unabhängig davon, in welchem Haus sie liegt, zeigt sie an, daß die Widerstände schwer genommen werden und die empfindliche Seite des Menschen, also das Herz, getroffen wird.

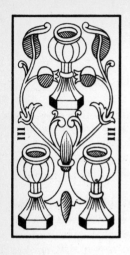

Kelch-Drei

Ein Kelch steht über zwei anderen, nebeneinanderstehenden Kelchen. Das erinnert uns daran, daß die 1 die Dualität beherrscht und aus diesem Grund Aktivität mit sich bringt. Zur Bestätigung trennt ein Pflanzenstengel die beiden unteren Kelche, teilt sich dann und umfaßt den oberen Kelch. Dadurch wird er hervorgehoben, und seine beherrschende Position wird bestätigt.

Die Kelch-Drei bringt Lösungen für Probleme und Schwierigkeiten. Diese Karte erlaubt glücklichere Wenden im Gefühlsbereich, indem sie Kummer und Qualen vertreibt. Glück und Freude kommen wieder auf. Pläne sind erfolgreich. Dem Fragenden wird Tröstung zuteil, und seine Sorgen sind zu Ende (Haus I). Die finanzielle Situation bessert sich (Haus II). Freundschaft, Zuneigung und Liebe (Häuser III, V, XI) erstehen neu und entwickeln sich glücklich und segensreich. In Haus X führt diese Karte zu einem Erfolg.

Die Kelch-Drei ist nicht nur eine ausgezeichnete Karte für die Gesundheit (Haus VI), sondern gibt auch an, daß die Arbeit in gutem Einverständnis verläuft. Wenn sie unter dem Gehängten liegt, gibt sie nach Opfern wieder Hoffnung auf Erfüllung. Auf der Karte XIII erlaubt sie, eine glückliche Wende zu bestätigen: die Vergangenheit ist niedergemäht, aber sie läßt Raum für eine erfreuliche Erneuerung. Auf dem Turm werden die »farbigen Kugeln« wirklich zur Saat, die »ihre Früchte tragen wird«. Die Kelch-Drei ist günstig für die Kinder (Haus V), ihre Ausbildung und ihre Gesundheit.

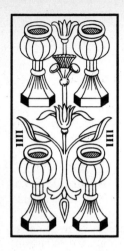

Kelch-Vier

Vier Kelche in den vier Ecken der Karte. Die vier Kelche bilden das Viereck, das Viereck der Elemente, das Viereck der Stabilität. Das ist auch der Bereich des äußeren Lebens, also des Materiellen.

Die Kelch-Vier erlaubt die Verwirklichung von Hoffnungen und Plänen, festigt Gefühlsverbindungen und stabilisiert die Beziehungen zu anderen. Diese Karte ist durch ihre zahlenmäßige Anordnung stark. Erinnern wir uns daran, daß bei den großen Arkanen der starke, mächtige und gebieterische Herrscher diese Zahl trägt. Aber vergessen wir nicht, daß es sich hier um Kelche handelt und daß diese Karte demzufolge hauptsächlich das Gefühlsleben des Menschen beeinflußt. Sie bringt eine Befreiung von finanziellen Problemen (Haus II).

Sie gibt dem Wert von Gefühlen innerhalb der Familie, unter Freunden und unter Liebenden Bestand (Häuser III, IV, V). Liegt sie auf dem Papst, so bestätigt sie eine Erfüllung oder einen Schutz. Mit dem Liebenden wird eine innere Wahl getroffen werden, und man wird sich seiner Sache sicher sein. Mit dem Einsiedler oder der Päpstin kann man einen großen inneren Reichtum voraussetzen, der auf tiefen Gefühlen beruht. Mit dem Teufel oder der Kraft gibt sie Leidenschaft oder Sexualität in der Ehe. Schließlich steht die Kelch-Vier, wenn sie auf dem Narr liegt, für die Suche nach einem Gleichgewicht im Gefühlsleben.

Kelch-Fünf

Vier Kelche in den vier Ecken der Karte und ein Kelch in der Mitte. Die 5 bringt etwas Neues ins Spiel, das dem östlichen Menschen mit den fünf Wandlungsphasen, die dem fünfzackigen Stern des Tao entsprechen, wohlbekannt ist. Im Westen ist das fünfte Element die Quintessenz.

Indem sie ein neues Element dazubringt, steht die 5 auch für Weisheit, Gleichgewicht und Harmonie. Sie begünstigt Ruhe und Frieden. Diese Karte gibt dem Fragenden Sicherheit über die Aufrichtigkeit der Gefühle, die ihm entgegengebracht werden (Häuser III, IV, V, VII). Die Pläne sind vielversprechend (Haus XI). Die Situation ist auf ausgezeichnete Perspektiven ausgerichtet (Häuser VI und X).

Schließlich bleibt die Gesundheit zufriedenstellend. Wenn sie auf der Päpstin oder dem Einsiedler liegt, weist diese Karte auf einen großen Reichtum an inneren Gefühlen hin. Auf dem Gehängten werden Opfer freiwillig gebracht und hingenommen. Mit dem Triumphwagen dämpft sie die manchmal etwas zu starke Energie des »Triumphators«. Mit der XIII bestätigt sie ein neues Element, das wieder »zum Leben erweckt«. Mit der Sonne oder den Sternen sind die Hoffnungen auf dem besten Wege, erfüllt zu werden. Diese Karte bestätigt Geburten.

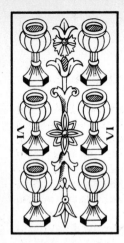

Kelch-Sechs

Drei Kelche übereinander auf der linken Seite und drei Kelche übereinander auf der rechten Seite. Im Tarot de Marseille sind sie durch einen blühenden Zweig voneinander getrennt; im Wirth-Tarot sind sie durch gleiche Blumen voneinander getrennt. Jeder Kelch steht »im Gegensatz« zu dem Kelch neben ihm.

Diese Karte steht für Opfer, Einschränkungen und Schwäche und zieht demzufolge viele Hindernisse nach sich. Sie bringt Verdruß in das Gefühlsleben (Liebe, Freundschaft und Familie) des Fragenden, indem sie sehr stark auf Enttäuschungen, Unverständnis und Instabilität in Beziehungen zu Menschen hinweist, denen man eng verbunden ist (Häuser III, V, VII, XI). Sie bewirkt Unstimmigkeiten in der Ehe (Haus IV).

Fehlendes Vertrauen in der beruflichen Tätigkeit (Haus VI) verstärkt die Hemmnisse. Die Finanzen werden harten Prüfungen ausgesetzt (Haus II). Die Gesundheit ist nicht blendend, und diese Karte weist auf einen Vitalitätsverlust hin. Liegt die Kelch-Sechs auf der Sonne oder den Sternen, so bestätigt dies Kummer in Gefühlsdingen. Auf dem Mond verstärkt diese Karte Tiefen (in gesundheitlicher Hinsicht) und Schwierigkeiten in der Ehe. Auf dem Gericht steht sie für Ärger mit dem Gesetz. Vorsicht ist geboten beim Gehängten, der das psychische Geleichgewicht angreift.

Kelch-Sieben

Die Anordnung der sieben Kelche entspricht den sieben Planeten, in deren Mitte Saturn steht. Dieser Planet, der auf Strukturen, Festigkeit und Stabilität hinweist, überträgt der Kelch-Sieben seine Charakteristiken und erlaubt so den Erfolg, der auf soliden Grundlagen beruht.

Dies ist eine Karte, die den Weg zu Chance und Sieg weist. Sie steht für Triumph bei allen Ereignissen. Wie wir wissen, beeinflussen die Kelche ganz besonders die Gefühle, und diese Karte ist daher sehr günstig für das Gefühlsleben des Fragenden. Zufriedenheit und Freuden in Ehe und Familie (Häuser III und IV), in der Liebe und in der Freundschaft (Häuser V und XI).

Sie befreit von Kummer und Pein, zerstreut Mißverhältnisse und verbessert und erhellt verwirrte Situationen. Sie erlaubt den beruflichen Erfolg (Haus VI) und völlige Ruhe in finanziellen Dingen (Haus II). Schließlich bringt sie eine schnelle Wiederherstellung der Gesundheit (Haus VI). Zusammen mit weniger aktiven Karten (wie dem Einsiedler oder dem Liebenden), Saturnkarten (wie der Päpstin oder der Arkane ohne Namen), Karten, die den guten Ablauf der Ideen hemmen (wie dem Gehängten und dem Turm), gibt die Kelch-Sieben einen starken Willen und eine sichere Entschiedenheit, die zum Erfolg der Unternehmungen führt.

Kelch-Acht

Drei Kelche oben auf der Karte, drei Kelche unten auf der Karte, zwei Kelche in der Mitte. Die Kelche in der Mitte werden durch Blumen und schmückende Zweige hervorgehoben. In dieser Anordnung repräsentieren sie das Gleichgewicht zwischen dem Materiellen (untere Kelche) und dem Spirituellen (obere Kelche).

Die 8, die kosmische Zahl, weist oft auf Veränderungen hin. Wenn diese Veränderungen Gefühle betreffen, so sind sie eher negativer Art.

Diese Karte kompliziert familiäre und freundschaftliche Verhältnisse. Sie bringt Verdruß in der Liebe (Haus V). Sie trägt dazu bei, Verwirrung und Unstimmigkeit im Zusammenhang mit den Kindern (Haus V) und in der Ehe (Haus IV) zu stiften. Sie wirkt sich ungünstig auf die beruflichen Beziehungen aus (Haus VI).

Sie zieht Enttäuschungen und böse Überraschungen in finanziellen Dingen nach sich (Haus II). Für die Gesundheit ist sie nicht sehr günstig, und sie ist Ursache für Ärger und Sorgen aller Art. Mit dem Magier ist diese Karte ein Vorzeichen für Schwierigkeiten, die es verhindern, daß neue Pläne zu Ende gebracht werden können. Mit dem Liebenden besteht die Gefahr, daß die innere Wahl negativ auffällt und Desillusionen nach sich zieht. Mit der Arkane ohne Namen oder dem Turm sind die Veränderungen »gewaltig« und hinterlassen Bedauern. Mit dem Mond entsteht Unstimmigkeit in der Ehe (insbesondere in Haus IV). Alles in allem ist dies eine Karte, die für Gefühle nicht sehr günstig ist, denn sie bereitet in Gefühlsangelegenheiten großen Verdruß (vor allem mit der Sonne in Haus VIII oder XII).

Kelch-Neun

Hier ist die Dreiteilung gleich dreimal dargestellt: in drei Reihen zu je drei Kelchen. Die neun Kelche bezeichnen das Ende eines Zyklus, der zur Einheit zurückführt, und zwar zu einer Einheit einer höheren Stufe.

Die Kelch-Neun ist eine Karte des Friedens, des ungestörten Glücks, der Sympathie und der inneren Ruhe. Sie bringt viele Freuden und Zufriedenheit im Gefühlsbereich, ob in Familie, Liebe oder Freundschaft. Sie bringt Wohlergehen und materiellen Erfolg (Haus II). In beruflicher Hinsicht werden Mühen anerkannt und belohnt (Haus VI). Schwierigkeiten und Prüfungen werden mit Leichtigkeit überwunden (Haus XII).

Diese Karte bringt Kraft und Vitalität und erlaubt eine schnelle Wiederherstellung der Gesundheit (Haus VI). Sie erlaubt Triumph in allen Situationen. Mit dem Mond weist sie auf eheliches Glück und vollkommenes häusliches Einverständnis hin (vor allem in Haus IV). Mit dem Gericht besteht ein glückliches Gleichgewicht. Mit dem Einsiedler oder dem Papst bringt der geistige Weg viele Freuden, und das Herz ist »voller Sonne«. Mit dem Narr sind die Ideen ein wenig wirr, aber kommen mit Lachen von selbst in Ordnung. Alles in allem gibt diese Karte den Blick auf eine entspanntere und segensreichere Zukunft frei, als sie die vorhergehende Karte ankündigte.

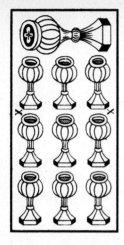

Kelch-Zehn

Auf dieser Karte ist dreimal die Dreiteilung abgebildet, mit einem weiteren, darüberliegenden Kelch. Kein Zweig und keine Blume schmücken diese zehn Kelche. Der obere Kelch ist der wichtigste und scheint eine Synthese der neun anderen zu sein. In der Einfachheit wird alles wieder zu einer Einheit.

Die 10 ist eine starke und mächtige Karte, die es erlaubt, einen Gipfel zu erreichen. Diese Karte schenkt Glück, begünstigt Pläne und Einverständnis mit anderen und bestätigt Wandel oder Veränderungen auf glückliche Weise. Die Kelch-Zehn erleichtert demzufolge Liebesbeziehungen, Freundschaften und Beziehungen zur Mitwelt (Häuser V und XI). Die Beziehungen zu den Kindern (Haus V), zum Ehepartner (Haus VII) und zu den Eltern (Häuser IV oder X) werden entspannt und harmonisch sein.

Sie erlaubt berufliches Vorankommen (Haus VI), und man kann darauf hoffen, daß sich dies in finanzieller Hinsicht ausgezeichnet auswirkt (Haus II). Der Fragende erlangt wieder Kraft und Energie, nicht nur in physischer, sondern auch in geistig-seelischer Hinsicht (Häuser I und VI). Prüfungen werden ganz klar gemeistert (Haus XII). Die Kelch-Zehn ist in allen Häusern günstig und beeinflußt ebenfalls in sehr positiver Weise alle hohen Arkanen, denn sie hat eine stark neutralisierende Wirkung bei verfänglichen Situationen.

2.
Die Münzen

Münzen-As

Die drei konzentrischen Kreise symbolisieren Sieg auf allen Ebenen (Körper, Seele und Geist). die Blume in der Mitte hebt die vier Elemente hervor. Im Tarot de Wirth erinnert die innere Zeichnung an die zwölf astrologischen Häuser.

Diese Karte symbolisiert Erfolg und materiellen Triumph. Sie öffnet den Weg zu materiellem (Haus II und Haus VIII) und spirituellem Reichtum (Haus XI) und befreit von allen finanzellen Sorgen. Sie gewährt Erfolg in Geschäften und Vereinigungen (Haus VII) sowie in der beruflichen Tätigkeit (Haus VI) und verspricht Stabilität.

Sie gibt wieder Kraft und Gesundheit (Haus VI). Prüfungen werden mit Leichtigkeit gemeistert (Haus XII), und die Wirkungen sind von Dauer. Die Münzen beeinflussen mehr die materielle Ebene als das Gefühlsleben, aber wenn das Münzen-As in den Häusern IV oder V liegt, bestätigt die Karte gutes Einverständnis, Wohlergehen, innere Ruhe und ein ungetrübtes Leben. Alles in allem weist diese Karte auf einen Triumph hin, und zwar sowohl in den Häusern als auch in den großen Arkanen.

Münzen-Zwei

Im Wirth Tarot stehen zwei Münzen übereinander und sind von blühenden Zweigen umwunden. Im Tarot de Marseille sind sie in ein blaues S gefaßt. In beiden Fällen sind die Münzen voneinander getrennt und symbolisieren den Gegensatz zwischen Materiellem und Spirituellem.

Durch diesen Gegensatz bringt die Karte Verdruß in materiellen Angelegenheiten. Sie ist ungünstig für Einnahmen und zieht Geldschwierigkeiten nach sich. Sie weist auf große Ausgaben im Haushalt hin (Haus IV). Sie birgt die Gefahr von schlechten Geschäften und beruflichen Zwängen (Haus VI). die Gesundheit zwingt zu Geldausgaben (Haus VI). In Freundschaften und Liebesbeziehungen gibt es Verdruß und Täuschungen.

Mit dem Gehängten oder dem Teufel setzt sich der Fragende Verlusten aus, die von Diebstahl oder Schwindel herrühren. Mit der Gerechtigkeit sind Angelegenheiten, die mit dem Gesetz zu tun haben, in einer schlechten Ausgangslage. Mit dem Magier werden alle Pläne durch finanzielle Hindernisse lahmgelegt.

Alles in allem eine schwierige Karte, die Sorgen im Materiellen mit sich bringt und möglicherweise Auswirkungen auf die Gefühle hat.

Münzen-Drei

Die drei Münzen sind nach demselben Prinzip angeordnet wie die drei Kelche. Eine Münze steht über den beiden andern. Im »Tarot de Wirth« verstärkt ein Symbol, das die vier Elemente repräsentiert, die materielle Herrschaft über die 1 und die 2.

Die Münzen-Drei befreit von Sorgen und Geldschwierigkeiten und führt zum Erfolg. Diese Karte begünstigt Glück in materieller Hinsicht; finanzielle Pläne sind erfolgreich. Und das Vorgehen im Beruf (Haus VI) erweist sich als erfolgreich. Glück und Protektion haben einen günstigen Einfluß auf Verbindungen (Haus VII), Beziehungen, Unterstützungen (Haus XI) und Neuschöpfungen (Haus V). Diese Karte bringt glückliche und segensreiche Lösungen in Prozessen und in Problemen, die mit dem Gesetz zu tun haben.

Sie trägt dazu bei, Zufriedenheit in das Eheleben zu bringen (Haus IV) und verbessert Gefühlsverbindungen (Liebe, Freundschaft, Familie). Sie erlaubt die völlige Befreiung von Prüfungen (Haus XII). Liegt sie unter dem Gehängten, so beschränkt diese Karte Geldverluste auf ein geringes Maß. Mit dem Teufel ist die materielle Macht stark. Mit der Päpstin wird das Hab und Gut beschützt. Alles in allem bringt diese Karte glückliche Veränderungen in materieller Hinsicht und trägt so auch dazu bei, Zufriedenheit in Gefühlsbindungen zu bringen.

Münzen-Vier

Vier Münzen, vier Ecken, vier Elemente. Im Tarot de Marseille stehen zwei Vierecke für Stabilität, im »Tarot de Wirth« findet man diese in Form von zwei Blumen mit je vier Blättern wieder.

Die Münzen-Vier erlaubt die Verwirklichung von Hoffnungen und Plänen in materieller Hinsicht. Diese Karte bringt eine Befreiung von finanziellen Problemen (Haus II). Sie erleichtert das Gelingen und den Erfolg bei Plänen, hohen Zielen und im Berufsleben (Häuser VI oder X). Sie gewährleistet Schutz durch Unterstützungen und Beziehungen (Haus XI). Sie hat einen günstigen Einfluß auf Verbindungen (Haus VII) und löst Streitfälle auf zufriedenstellende Weise.

Diese Karte befreit von Prüfungen (Haus XII). Obwohl die Münzen mit materiellen Dingen verbunden sind, erweisen sie sich als stabilisierendes Element im Gefühlsbereich. Mit dem Herrscher verstärkt sich die Macht und beherrschend. Mit dem Triumphwagen sind Ortswechsel bereichernd. Mit dem Magier gibt das Gelingen von neuen Plänen Zufriedenheit. Diese Karte bringt ein vollkommenes Gleichgewicht, sowohl in bezug auf Hab und Gut als auch im Gefühlsbereich.

Münzen-Fünf

Vier Münzen in den vier Ecken der Karte, eine in der Mitte. Im »Tarot de Wirth« symbolisiert die Position der fünften Münze auf dem mittleren Zweig noch direkter die Erhebung.

Die Münzen-Fünf weist auf Gleichgewicht und Harmonie hin und begünstigt das Ansehen. Diese Karte schützt den Fragenden vor Bedürftigkeit (Haus I). Sie wirkt sich nicht störend auf Erwerbungen und Finanzen aus (Häuser II und VIII). Sie begünstigt berufliche Pläne (Haus VI). Die gesellschaftliche Stellung ist auf ausgezeichnete Perspektiven ausgerichtet (Haus X). Diese Karte erleichtert die Organisation in allen Bereichen. Materielle Sorgen werden beherrscht.

Mit dem Gehängten werden Verluste leicht ausgeglichen. Mit dem Turm erholt sich der Fragende schnell von »Schlägen«. Mit der Welt oder dem Triumphwagen sind Hoffnungen auf dem besten Wege, sich zu verwirklichen. Mit dem Papst oder dem Einsiedler führt die Karte zu einem spirituellen Gleichgewicht. Mit dem Teufel ist Vorsicht bei unbedachten Leidenschaften geboten, die für die herrschende Harmonie gefährlich werden, und sie aus dem Gleichgewicht bringen können. Alles in allem erlaubt diese Karte dem Fragenden ein leichtes und ruhiges Leben, indem sie ihn in der Aufrichtigkeit der Gefühle, die ihm von seiner Mitwelt entgegengebracht werden, bestätigt.

Münzen-Sechs

Beim Tarot de Marseille sind die Münzen anders angeordnet als beim »Tarot de Wirth«. In beiden Fällen sind die einzelnen Münzen jedoch gut voneinander getrennt, was anzeigt, daß keine der Münzen ihre Kraft einer anderen Münze gibt.

Die Münzen-Sechs ist eine Karte der materiellen Hindernisse, der Hemmnisse in Unternehmungen und Störungen im allgemeinen Gleichgewicht. Sie erschüttert die berufliche Sicherheit (Haus VI), kompliziert die finanziellen Angelegenheiten (Haus II und Haus VIII), bringt Hemmnisse im Ablauf von Verwaltungsangelegenheiten (Haus IX), und führt zu Uneinigkeiten (Haus VII).

Wie immer bei den Münzen bestehen die Schwierigkeiten vor allem in materieller Hinsicht, doch auch das Gefühlsleben des Fragenden ist bei dieser Karte des Gegensatzes und der Schwäche nicht sehr glücklich. Mit der Gerechtigkeit ist der Verlust einer Sache offensichtlich. Mit dem Gehängten führen die Geldverluste zu großen Schwierigkeiten. Mit dem Einsiedler besteht in finanziellen Schwierigkeiten keine Hoffnung auf schnelle Besserung. Die Sterne, der Ausgleich und der Papst mildern diese Schwäche, doch sie ersparen dem Fragenden die Mühen und Plagen, für die er oft selbst verantwortlich ist, nicht.

Münzen-Sieben

Im »Tarot de Wirth« sind die Münzen anders angeordnet als im »Tarot de Marseille». In beiden Fällen wird jedoch die siebte Münze, die die anderen zu beherrschen scheint, durch einen blühenden Zweig hervorgehoben.

Diese Karte führt zum Sieg, Sie weist auf einen Erfolg, einen Triumph über alle Ereignisse materieller Art hin. Sie befreit von finanziellen Sorgen (Haus II), bringt Besserung und zerstreut Mißverständnisse. Das berufliche Gelingen ist gesichert (Haus VI). Sie gibt gesellschaftliche Macht (Haus X) und begünstigt alle Pläne und Hoffnungen.

Sie bringt Wohlergehen in der Familie, was dazu beiträgt, das Eheleben zu stabilisieren (Haus IV). Mit »aktiven« Karten bringt die Münzen-Sieben einen schnellen und relativ leichten Triumph. Mit den »langsamen« Karten gibt die Münzen-Sieben alle Energie, die zum Erfolg und Gelingen der Pläne notwendig ist.

Münzen-Acht

Die Münzen sind gleichmäßig und symetrisch angeordnet, aber auch hier durch blühende Zweige voneinander getrennt. Sie symbolisieren Gleichgewicht durch Gleichmäßigkeit, aber wie bei der Münzen-Sechs gibt wegen der blühenden Abtrennung keine der Münzen ihre Kraft an eine andere Münze ab.

Die Münzen-Acht ist eine Karte, die verzwickte Situationen noch mehr kompliziert. Sie bringt Stürme und Instabilität in das materielle Leben und in das Gefühlsleben. Finanziell kommt es zu keiner wirklichen Katastrophe, aber oft werden Ausgaben nicht berücksichtigt oder die Einnahmen reichen nicht aus (Häuser II und VIII). Die berufliche Aktivität bringt weder Befriedigung noch Lohn (Haus VI). Die gesellschaftliche Stellung wird kaum begünstigt, auch wenn der Fragende persönliche Anstrengungen unternimmt (Haus X).

Vereinigungen (Haus VII), Prozesse und Verwaltungsangelegenheiten (Haus IX) werden nicht erleichtert. Beziehungen und Hilfeleistungen hinterlassen Bedauern (Haus XI). Schließlich ist das Gefühlsleben Kummer und Enttäuschungen ausgesetzt. Mit dem Narr steht der Fragende nicht »mit beiden Beinen auf dem Boden«. Mit dem Liebenden werden Entscheidungen nicht getroffen, und man muß abwarten. Mit den Saturn-Karten führen Realisierungen nicht zum Ziel. Alles in allem zeigt diese Karte vor allem fehlendes Selbstvertrauen oder einen Mangel an Beharrlichkeit im Hinblick auf das gestreckte Ziel.

Münzen-Neun

Zweimal vier Münzen, also zweimal vier Elemente, dazu eine Münze in der Mitte, die im Tarot de Marseille durch eine blühende Umrahmung hervorgehoben wird und im Tarot de Wirth genau in der Mitte auf einem blühenden Zweig plaziert ist. Diese neunte Münze zeigt die Durchführung einer Sache an.

Die Münzen-Neun ist eine Karte des Differenzierungsvermögens, der Sicherheit und der Zielgerichteten Aktivität. Sie erlaubt materielles Wachstum (Häuser II und VIII). Sie erleichtert das Vorankommen und die berufliche Sicherheit (Haus VI). Sie gewährt Erfolg in Verwaltungsgeschäften oder Prozessen (Haus IX), und Verträge werden begünstigt (Haus VII). Sie ist vorteilhaft für die Verwirklichung von Plänen und für Erfolg durch Beziehungen und Unterstützung. Dank Vorsicht und Weitblick werden Schwierigkeiten beseitigt und Prüfungen gemeistert (Haus XII).

Gefühle spielen bei dieser Karte keine bedeutende Rolle. Für das gefühlsmäßige Wohlergehen ist die materielle Voraussetzung ausschlaggebend. Mit dem Turm erlaubt diese Karte, auf eine bessere Stellung oder Schutz vor »Schlägen« zu hoffen. Mit dem Gericht bringt sie sicheren Neubeginn. Mit der Herrscherin und dem Magier läßt sie die Durchführung und die Realisierung von Plänen und Ideen zu. Mit dem Einsiedler verstärkt sie den Weitblick. Mit dem Papst bestätigt sie das Differenzierungsvermögen.

Münzen-Zehn

Zwischen blühenden Zweigen sind zweimal fünf Münzen abgebildet, also zweifaches Gleichgewicht und zweifache Harmonie: der Gipfel ist erreicht.

Dies ist eine Karte der glücklichen Wandlungen, der segensreichen Veränderungen und des materiellen Wachstums. Sie erleichtert demzufolge das berufliche Vorankommen Haus VI). Sie bestätigt finanzielle Sicherheit (Haus II) und kündigt auch ein Wachstum des Vermögens an (Haus VIII). Sie gewährt materielles Wohlergehen und beschützt Hab und Gut. Vereinigungen (Haus VII) werden begünstigt, und Beziehungen geben einen wirklichen und festen Halt (Haus XI).

Diese Karte ist ausgezeichnet für Unternehmungen in Handel und Gewerbe und verbessert die Beziehungen in Freundschaft, Familie und Liebesleben. Schließlich neutralisiert sie finanzielle Schwierigkeiten ebenso wie kleinere Probleme im Gefühlsleben. Die Münzen-Zehn begünstigt alle höheren Karten, indem sie materielles Gleichgewicht, Entlohnung für Mühen und Befreiung von unterschiedlichen Zwängen und Verpflichtungen bringt. Alles in allem bewirkt sie im Leben des Fragenden eine deutliche Verbesserung.

3.
Die Stäbe

Stab-As

Die Hand der Vernunft und der Aktivität (rechts) hält einen Stock, Symbol der Befehlsgewalt. Der Stock ist grün, und die abgeschnittenen Zweige haben rote Narben hinterlassen, ein Zeichen dafür, daß die Lebenskraft nicht versiegt ist und alle Hoffnungen erlaubt sind. Die verschiedenfarbigen Flammen stehen für die Energien, die verbreitet werden.

Dies ist die Karte der Macht, der Befehls- und Kommandogewalt und der Neuschöpfungen. Sie bringt Erfolg in beruflicher Hinsicht (Haus VI). Sie erlaubt gesellschaftlichen Aufstieg und Erfolg (Haus X). Sie erleichtert Wandlungen und neue Ideen, und alle Werke oder Kreationen werden begünstigt (Haus V). Sie gibt neue Vitalität, Kraft und Energie (Haus VI). Sie bringt Gleichgewicht in die Beziehungen zu den Mitmenschen (Häuser III und XI).

Ehrgeizige Mühen machen Prüfungen ein Ende (Haus XII), der Fragende (Haus I) ist sich seiner Selbst sicher, und sein Wunsch, etwas Neues anzufangen, wird unterstützt. Diese Karte ist günstig für Entscheidungen und Aktivität im allgemeinen, bringt aber kein Glück im Gefühlsbereich. Mit dem Magier bestätigt sie den Beginn eines Unternehmens. Mit dem Herrscher verstärkt sie den Gedanken der Macht und der Befehlsgewalt. Mit dem Gehängten gibt sie eine neue Möglichkeit, zu kämpfen. Mit der Päpstin werden Entscheidungen mit Klugheit und Besonnenheit gefällt.

Stab-Zwei

Zwei Stäbe liegen über Kreuz, um die Dualität anzuzeigen. Im »Tarot de Wirth« wird nur die Farbe Grün verwendet, während im »Tarot de Marseille« die Stäbe gelb, blau und rot und an den Enden schwarz sind. Diese unterschiedliche Farbgebung hängt mit der allgemeinen Symbolik der Farben zusammen.

Dies ist eine Karte des psychischen Dualismus, der Widrigkeiten und des Zögerns, der Diskussionen und Befürchtungen. Sie ist nicht nur ungünstig für Vereinigungen (Haus VII), sondern führt auch zu Rivalitäten und verschiedenen Beeinträchtigungen in der beruflichen Tätigkeit (Haus VI). Unglückliche Umstände ziehen Geldausgaben nach sich (Haus II). Sie kompliziert familiäre Situationen, indem sie Verwirrung und Zwietracht stiftet (Haus IV). Das psychische Gleichgewicht wird stark erschüttert und schwankt (Häuser I und VI). Diese Karte beeinträchtigt den reibungslosen Ablauf von Prozessen und Verwaltungsangelegenheiten (Haus IX). Sie führt zu Einsamkeit, da Freunde und Beziehungen fern sind (Häuser III und XI). Die Stab-Zwei hinterläßt vor allem Bedauern, Enttäuschungen und Ängste in allen Bereichen. Mit dem Gehängten hindert sie am Handeln, denn sie bringt Verzicht auf Pläne und Ideen. Mit dem Teufel zeigt sie Mißgunst, Rivalitäten und Falschheit an.

Stab-Drei

Wie bei der vorherigen Karte liegen zwei Stäbe über Kreuz, aber ein dritter Stab in der Mitte verändert den Gedanken der Dualität durch Bewegung und Aktivität.

Dies ist die Karte der produktiven Taten. Da sie beschützend wirkt, führt sie zum Erfolg. Alle neuen Schöpfungen und Werke werden begünstigt (Haus V). Sie erlaubt einen Aufstieg in beruflicher Tätigkeit (Haus VI) und führt in gesellschaftlicher Hinsicht zum Triumph (Haus X). Geschäfte und finanzen befinden sich in einer segensreichen Entwicklung. Prozesse, Verwaltungsangelegenheiten und Vereinigungen werden erleichtert und sind leicht abzuschließen (Haus VII und Haus IX): Sie bringt eine Wiederherstellung der körperlichen und geistig-seelischen Gesundheit (Haus VI).

Sie trägt dazu bei, Zufriedenheit in die Gefühlswelt (Liebe, Freundschaft und Familie) zu bringen. Mit dem Teufel unterstützt sie die Macht der aktiven und materiellen Herrschaft. Mit dem Turm gibt sie wieder Hoffnung auf eine neue Erfüllung. Mit dem Magier werden Kreationen bestätigt. Mit dem Triumphwagen nimmt der Fragende aus geschäftlichen Gründen einen Ortswechsel vor. Mit dem Mond ist Beliebtheit angezeigt. Mit dem Narr sind die Dinge vielleicht ein bißchen zu sehr in Bewegung und bewirken Zersplitterung, aber man findet sein Gleichgewicht jedesmal wieder.

Stab-Vier

Vier Stäbe liegen paarweise über Kreuz und sind ineinander verflochten. Sie geben sich gegenseitig Kraft. Dieses Gleichgewicht erlaubt Stabilität und Erfüllung. Die Blütenverzierung beruht ebenfalls auf den vier Elementen.

Dies ist die Karte der materiell und intellektuell aktiven Realisierungen, der Stabilisierung von Geschäften und der Konsolidierung in Unternehmungen. Sie erlaubt dem Fragenden, die Ereignisse zu beherrschen (Haus I). Sie läßt finanzielle Befriedigung zu (Haus II) und hält das häusliche Gleichgewicht aufrecht (Haus IV). Die Gefühlsbeziehungen werden unter einem intellektuellem Blickwinkel gesehen. Sie erleichtert Kontakte und berufliche Beziehungen (Haus VI), begünstigt Vertragsunterzeichnungen und Vereinigungen (Haus VII) sowie die Abwicklung von Verwaltungsgeschäften (Haus IX).

Sie verbessert freundschaftliche Beziehungen und Unterstützungen (Haus XI). Schließlich werden Ärger und Schwierigkeiten dank eines guten psychischen Gleichgewichts überwunden. Mit dem Narr kündigt sie einen neuen, stabileren Beginn an. Mit dem Einsiedler begünstigt sie die intellektuelle Suche. Mit dem Liebenden werden Entscheidungen in wirksamer Weise getroffen. Mit der Gerechtigkeit ist der Erfolg bei abzuwickelnden Geschäften sicher. Mit der Arkane ohne Namen ist ein bedeutsamer positiver Wandel im Gang.

Stab-Fünf

Wie bei der vorherigen Karte liegen vier Stäbe über Kreuz und sind ineinander verflochten, aber ein fünfter Stab, der senkrecht durch die Mitte hindurchgeht, bringt ein neues Element, eine Vorwärtsbewegung, hinzu.

Dies ist die Karte der materiellen Befriedigung, des intellektuellen Fortschrittes und der Freuden im Gefühlsleben. Sie bringt dem Fragenden das, was er sich wünscht (Haus I). Sie begünstigt finanzielle Operationen (Haus II). Sie bringt viel Befriedigung in die berufliche Aktivität (Haus VI), die gesellschaftliche Stellung ist im Aufstieg begriffen (Haus X). Familiäre Bindungen (Haus IV) werden gefestigt. Sie wirkt glückbringend und ausgleichend auf das Gefühlsleben (Haus V).

Sie erleichtert Verträge aller Art (Haus VII) und die Abwicklung von Geschäften (Haus IX). Sie begünstigt die intellektuelle Arbeit und somit Erfolg in Schule und Ausbildung, bei Prüfungen und Examina (Häuser III und IX). Sie läßt eine Besserung der Gesundheit zu (Haus VI) und befreit von inneren Prüfungen (Haus XII). Mit dem Rad des Lebens machen die Finanzen Fortschritte, das Vermögen mehrt sich. Mit der Kraft bringt das materielle und spirituelle Gleichgewicht Erfolge und Freuden. Mit der Welt gewährleistet sie einen glänzenden Erfolg in allen Bereichen. Mit dem Mond findet man Ruhe und Frieden im häuslichen Leben.

Stab-Sechs

Auch hier Stäbe, die sich in der Mitte überkreuzen. Zweimal die Dreiteilung, was innere Wahl ausdrücken soll. Die Karte führt zu einer Rivalität zwischen Materiellem und Spirituellem.

Dies ist die Karte der Verzögerungen, der Schwächen, der Opfer und der Mißerfolge. Sie benachteiligt den Fragenden (Haus I) in seinem Wunsch, seine Pläne erfolgreich durchzuführen. Sie zieht Ausgaben und finanzielle Schwierigkeiten nach sich (Haus II). Sie hemmt die beruflichen Aktivitäten (Haus VI), und Mühen werden nicht belohnt. Sie weist auf Reibungen im Gefühlsleben hin (Haus II und Haus V). Sie zeigt ein gewisses Unbehagen in bezug auf Ehe und Familie (Haus IV). Selbstverständlich wird von Vereinigungen abgeraten (Haus VII), und die Resultate der laufenden Geschäfte sind enttäuschend (Haus XI).

Sie kompliziert Unannehmlichkeiten mit der Gesundheit (Haus VI). Rückschläge werden schwer überwunden (Haus XII). Die Stab-Sechs stellt allen Plänen und Wünschen in Beruf und Gefühlsleben Hindernisse in den Weg. Mit dem Turm oder der Arkane ohne Namen zeigt diese Karte unter Umständen eine Trennung oder einen Bruch an. Mit den Sternen, dem Papst und dem Ausgleich werden die Rückschläge nicht verhindert, aber ein wenig gemildert.

Stab-Sieben

Auch hier wieder die gekreuzten Stäbe, dahinter ein senkrechter siebter Stab. Diese Karte bringt Kraft und Hilfe zum Sieg über die Ereignisse.

Dies ist die Karte des Triumphes, des Erfolges und des Glückes. Sie befreit von finanziellen Prüfungen (Haus II). Sie zerstreut Mißverständnisse und beseitigt Zwänge. Sie erlaubt Erfolg in der beruflichen Tätigkeit (Haus VI) und gewährt die Macht einer beherrschenden gesellschaftlichen Stellung (Haus X). Alle Unternehmungen werden begünstigt. Sie bringt Lösungen für materielle und intellektuelle Schwierigkeiten.

Sie erlaubt befriedigende Ergebnisse in Verwaltungsangelegenheiten oder Prozessen (Haus IX). Sie gewährt Erfolg im Studium und bei Examina (Haus IX). Sie bringt schnell Besserung bei schwacher Gesundheit (Haus VI), beeinflußt in günstiger Weise das häusliche Leben (Haus IV) und Gefühle (Haus III und Haus V). Bei »langsamen« Karten gibt die Stab-Sieben Kraft und Energie, um Pläne zum Erfolg zu führen. Die anderen Karten werden durch sie in ihren ursprünglichen Auslegungen begünstigt.

Stab-Acht

Gekreuzte und ineinander verflochtene Stäbe. Zweimal vier, das bedeutet doppelte Stabilität, doppeltes Gleichgewicht und zweimal die vier Elemente. Aber die zwei trägt die Rivalität in sich und damit die Gefahr der Dualität zwischen dem Materiellen und dem Spirituellen.

Dies ist die Karte der Zwistigkeiten und des Kummers, der verspäteten Entscheidungen und des Pessimismus. Sie macht den Fragenden traurig und bitter (Haus I). Sie gibt keine berufliche Befriedigung (Haus VI). Die Finanzen sind zwar nicht katastrophal, geben aber Anlaß zu Sorge (Haus II). Sie kompliziert Zustände der Niedergeschlagenheit (Haus VI) und schafft Instabilität in den Gefühlsbeziehungen (Häuser III und V).

Diese Karte bewirkt häusliches Unverständnis (Haus IV). Sie ist ungünstig für neue Pläne und wirkt störend auf Studien und Reisen. Sie hat einen ungünstigen Einfluß auf Verwaltungsangelegenheiten (Haus IX) und Vereinigungen (Haus VII). Mit den weniger aktiven Karten (der Mond, der Liebende) oder den Saturnkarten (der Einsiedler, die Päpstin) verstärkt die Stab-Acht die Verzögerungen und Komplikationen. Auch mit den günstigeren Karten bringt sie Instabilität und mangelndes Vertrauen.

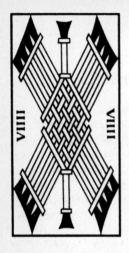

Stab-Neun

Zweimal zwei, wie vorher, aber die Dualität wird ausgelöscht durch den neunten, senkrechten Stab in der Mitte, hinter den acht anderen. Er symbolisiert die Durchführung einer Sache.

Dies ist eine Karte der Klugheit und der Differenzierung, des Urteilsvermögens und der Durchführung. Sie gewährt Vorsicht bei Plänen und Klugheit in finanziellen Transaktionen (Haus II). Sie begünstigt die berufliche Sicherheit (Haus VI). Sie erlaubt - dank des Weitblicks - Erfolg in Verwaltungsangelegenheiten oder Prozessen (Haus IX). Sie gewährt ein ungetrübtes Wohlergehen in Ehe und Familie (Haus IV).

Beziehungen und Freundschaften werden gefestigt, aufgrund der richtigen Wahl. Diese Karte gibt neue physische und innere Energie (Haus VI). Schwierigkeiten und Rückschläge werden stillschweigend und ruhig beseitigt (Haus XII). Mit der Welt oder der Sonne ist der Erfolg sicher, aber der Fragende bleibt zurückhaltend. Mit der Herrscherin erlaubt sie einen glücklichen und segensreichen Aufstieg. Mit dem Ausgleich gewährt sie ein vollkommenes inneres Gleichgewicht. Mit dem Liebenden wird die innere Wahl mit Besonnenheit getroffen.

Stab-Zehn

Zweimal vier ineinander verflochtene Stäbe und dahinter zwei weitere Stäbe. Im Tarot de Marseille sind diese beiden Stäbe weiß, um die neuen Kräfte anzuzeigen, die es erlauben werden, den »Gipfel« zu erreichen.

Dies ist die Karte der beruflichen Entwicklung, der segensreichen Veränderungen in Geschäften, der Befriedigung und des Erfolges. Sie erleichtert das Vorankommen und den Erfolg im beruflichen Leben (Haus VI). Sie begünstigt und erlaubt das Anwachsen der Finanzen (Haus II). Sie gibt neue Kraft und Energie, sowohl in geistig-moralischer als auch in physischer Hinsicht (Haus VI). Sie ist ausgezeichnet für das Gelingen von kaufmännischen Unternehmungen, für die Unterzeichnung von Verträgen und für die Schaffung von Vereinigungen (Haus VII).

Sie gewährt Erfolg bei Prüfungen, Examina und höheren Studien (Haus IX). Reisen sind segensreich und haben glückliche Auswirkungen. Mühen werden belohnt und Rückschläge bewältigt. Die Stab-Zehn ist in allen Häusern sehr günstig und beeinflußt die großen Arkanen in sehr positiver Weise. Diese Karte belohnt die Mühen des Fragenden und befreit von unterschiedlichen Zwängen und Verpflichtungen. Sie wirkt ausgleichend auf das Familienleben, betrifft aber eher die materiellen Werte.

4.
Die Schwerter

Schwert-As

Fest hält eine Hand das Schwert mit der Spitze nach oben; Symbol der Tapferkeit und der Entscheidung über Leben und Tod. Diese Spitze ist verdeckt durch eine goldene, mit Edelsteinen besetzte Krone: sie symbolisiert die Macht. Das Eichen- und Lorbeerlaub ist Zeichen für Energie und Sieg. Die verschiedenfarbigen Flammen ähneln den Energien.

Dies ist eine Karte, die Kraft, Energie und Macht gibt. Sie repräsentiert Vernunft und Intelligenz. Sie erleichtert alle neuen Initiativen und bringt Selbstvertrauen (Haus I). Sie gibt Kraft und physische Vitalität (Haus VI) und erleichtert die Möglichkeiten, aus finanziellen Schwierigkeiten herauszukommen (Haus II).

Eine große Entschlußkraft erlaubt es, die Ordnung in häuslicher Hinsicht (Haus IV) oder in äußeren Beziehungen (Haus XI) wiederherzustellen. Sie gibt Macht gegen Feinde und begünstigt den reibungslosen Ablauf der abzuwickelnden Geschäfte. Sie gewährt Sieg bei allen Schwierigkeiten und Prüfungen (Haus XII). Mut, der Wunsch zu siegen und ausgezeichnete Initiativen erlauben es dem Fragenden, für seine Mühen belohnt zu werden. Zusammen mit einer großen Arkane gibt das Schwert-As Energie, um Pläne oder Schwierigkeiten zu meistern.

Schwert-Zwei

Zwischen dem »Tarot de Marseille« und dem »Tarot de Wirth« besteht hier ein großer Unterschied. Beim »Tarot de Marseille« werden die Schwerter sehr symbolisch, beim »Tarot de Wirth« in materieller Weise dargestellt. In beiden Fällen überkreuzen sich die beiden Schwerter: ein Zeichen der Dualität.

Dies ist ganz klar die Karte der Rivalität und des Dualismus. Sie bringt Ärger, Kämpfe und Zwänge aller Art. Sie ist ungünstig für finanzielle Angelegenheiten (Haus II). Sie stört die berufliche Tätigkeit (Haus VI) und zieht häusliche Zwistigkeiten nach sich (Haus VI). Sie ist ungünstig für Gefühlsbeziehungen in Liebe, Freundschaft und Familie (Häuser III, V und XI). Sie bessert den Gesundheitszustand nicht und schafft Sorgen (Haus VI).

Von allen Verwaltungsgeschäften (Haus IX) und Vereinigungsplänen (Haus VII) wird abgeraten. Sie bestätigt Vertrauensmißbrauch, Mißgunst, Boshaftigkeiten und Intrigen. Sie festigt Prüfungen und Zwänge, aus denen nicht leicht herauszukommen ist (Haus XII). Mit dem Teufel zeigt sie Mißgunst und Falschheit in der Umgebung an. Mit dem Liebenden sind die inneren Entscheidungen schwierig und unerfreulich. Mit der Päpstin verhindert eine starke innere Rivalität die Durchführung von Plänen. Mit der Gerechtigkeit kompliziert sie Ärger mit dem Gesetz.

Schwert-Drei

Zwei Schwerter überkreuzen sich, und ein drittes steht senkrecht und in entgegengesetzter Richtung dazwischen und neutralisiert so die Dualität.

Dies ist die Karte der Meinungsverschiedenheiten und der Einsamkeit, der Zersplitterung und der Verzögerungen. Sie gefährdet die finanzielle Lage (Haus II). Sie kompliziert die Gefühlsbeziehungen, ob in Liebe, Freundschaft oder Familie (Häuser III, V und XI). Sie zieht Uneinigkeiten und Streitigkeiten nach sich und zeigt Trennungen an. Sie bringt die Gesundheit aus dem Gleichgewicht (Haus VI) und beeinträchtigt das berufliche Leben in ernster Weise, mit der Gefahr eines Bruches (Haus VI). Sie verhindert den gesellschaftlichen Aufstieg (Haus X).

Sie ist ungünstig für alle Geschäftsabwicklungen, Vertragsunterzeichnungen und Vereinigungen. Sie bringt dem Fragenden Kummer und Einsamkeit (Haus I). Prüfungen sind schwer zu ertragen und Probleme schwer zu lösen (Haus XII). Mit dem Turm oder der Arkane ohne Namen sind Brüche sicher. Mit dem Einsiedler oder der Päpstin wird die Einsamkeit bestätigt. Mit dem Gehängten ist das Innenleben stark angegriffen. Mit den starken und positiven Karten bringt sie Komplikationen und Verzögerungen in den reibungslosen Ablauf der Geschäfte.

Schwert-Vier

Zweimal zwei Schwerter überkreuzen sich und sind miteinander verflochten. Sie symbolisieren die vier Elemente der Kraft und der Macht und bringen Stabilität und Erfüllung.

Dies ist die Karte, die das Ende von Schwierigkeiten und Triumph über die Ereignisse ankündigt. Sie befreit von finanziellen Sorgen (Haus II). Sie zeigt Gelingen in Erwerbsleben und Beruf an (Haus VI) und erlaubt es, über Feinde zu triumphieren. Sie bringt eine wunderbare Stabilisierung in die Gefühlsbeziehungen, ob in Liebe, Familie oder Freundschaft (Häuser III, V und XI). Sie gewährt das Ende von Verdruß in Verwaltungsangelegenheiten, die darauf warten, erledigt zu werden (Haus IX).

Sie sichert das Ende von Kämpfen und Schwierigkeiten (Haus XII). Die starke und mächtige Zahl 4 neutralisiert die verhängnisvolle Symbolik des Schwertes. Mit den aktiven Karten (Magier, Triumphwagen), den »schnellen« Karten (Rad des Lebens, Gericht) und den mächtigen Karten (Kraft, Herrscher), bestätigt diese Karte einen Triumph. Bei den weniger aktiven (Einsiedler, Päpstin) oder schwierigen Karten (Turm, Gehängter), erlaubt sie mit ihrer Kraft, gegen Schwierigkeiten zu kämpfen.

Schwert-Fünf

Wie bei der vorherigen Karte überkreuzen sich zweimal zwei Schwerter, ein fünftes Schwert liegt in entgegengesetzter Richtung darüber und bringt ein neues Element, eine zusätzliche Kraft, zu den vier Schwertern hinzu.

Die Schwert-Fünf ist in doppelter Weise zu deuten. Die 5 bringt Gleichgewicht und Harmonie. Die Einheit, die zu den vier Elementen hinzukommt, ist ein Zeichen für Tatkraft gegenüber Ereignissen. Das Schwert selbst hat jedoch eine zweifache Bedeutung: Macht und Tapferkeit oder Zerstörung und Krieg. So hängt die Deutung dieser Karte ganz von der großen Arkane ab, mit der sie zusammenkommt. Mit dem Teufel zeigt sie Verleumdungen und Mißgunst an. Mit dem Gehängten birgt sie die Gefahr von Niederlagen und Verlust.

Mit dem Turm führt sie zu einem Bruch. Mit der Arkane ohne Namen bereitet sie Trennungen vor. Mit dem Magier bringt sie ein zusätzliches Element in die Durchführung einer neuen Aktion. Mit dem Triumphwagen aktiviert sie den Siegeszug. Mit dem Herrscher geht sie je nach den Häusern in verschiedene Richtungen. In Haus XII zum Beispiel wird der Herrscher zu einem mächtigen Feind.

Schwert-Sechs

Zweimal die Dreiteilung, die zu einer Rivalität zwischen dem Materiellen und dem Spirituellen führt. Dabei haben die Schwerter beim »Tarot de Wirth« eine bläuliche Farbe, während sie beim »Tarot de Marseille« durch eine Farbkomposition dargestellt sind, die an die Stäbe erinnert.

Dies ist die Karte der Hindernisse und der Widrigkeiten, der Schwierigkeiten und der Unordnung. Sie hemmt den Fragenden durch plötzlich auftretende Schwierigkeiten (Haus I). Sie zieht durch unvorhergesehene Ausgaben eine finanzielle Krise nach sich (Haus II). Arbeit und Aktivitäten verlaufen unter schlechten Bedingungen und in einer Umgebung der Falschheit (Haus VI). Üble Nachreden und Verleumdungen stören die Gefühlsbeziehungen, ob in der Liebe, Freundschaft oder Familie (Häuser III, V und XI).

Gegner werden zu furchterregenden Feinden. Sie zeigt Streitigkeiten und Konflikte in der Ehe (Haus IV) und schlechte Beziehungen zu den Kindern an (Haus V). In bezug auf die Gesundheit bestätigt sie kleine Leiden, die eine Eigeninitiative verhindern (Haus VI). Die Schwert-Sechs bringt keine Lösung für momentane Schwierigkeiten. Es ist daher besser, im beruflichen und finanziellen Leben und in Gefühlsbeziehungen vorsichtig zu sein. Nur der Papst, der Ausgleich und die Sterne können diese kleine Arkane dämpfen.

Schwert-Sieben

Überkreuzte Schwerter. Zweimal die Dreiteilung, dazu ein senkrechtes Schwert in der Mitte, mit der Spitze nach oben. Dieses siebte Schwert tatkräftigen Schwung, zum Triumph über Schwierigkeiten.

Dies ist die Karte der Schwierigkeiten und der Kämpfe, die man jedoch gewinnen kann. Sie zieht Kämpfe im finanziellen Bereich nach sich (Haus II). Sie zwingt dazu, sich zu »schlagen«, um im Berufsleben (Haus VI) und im gesellschaftlichen Leben (Haus X) Erfolg zu haben. Sie wirkt störend auf Gefühlsangelegenheiten, ob in Liebe, Freundschaft oder Familie (Haus III, Häuser IV und V). Sie kompliziert den Ablauf von Verwaltungsangelegenheiten und Prozessen durch Streitigkeiten und Tücken jeder Art (Haus IX). Sie erleichtert Beziehungen und Unterstützungen nicht (Haus XI). Gesundheitliche Unannehmlichkeiten können überwunden werden (Haus VI).

Diese Karte beseitigt keine Hindernisse, gibt aber Mut, Kraft und Energie, um zu kämpfen und aus verzwickten Situationen herauszukommen. Mühen werden belohnt und geben ein neues Gleichgewicht und Befriedigung in allen Bereichen. Mit der Kraft bestätigt sie die Energie, die eingesetzt wird, um ein Ideal zu verwirklichen. Mit dem Gericht, dem Rad des Lebens oder dem Triumphwagen verlaufen die Veränderungen mit Vertrauen, trotz der Hindernisse. Mit dem Einsiedler gewährt sie die Beharrlichkeit, die notwendig ist, um Schwierigkeiten zu meistern.

Schwert-Acht

Hier finden wir dieselbe Symbolik wieder wie bei der Stab-Acht: überkreuzte und miteinander verflochtene Schwerter. Durch zweifache Stabilität entsteht Unbeweglichkeit.

Dies ist die Karte der Unbeständigkeit, der Ungewißheiten und der Immobilität. Sie bringt Instabilität in materieller Hinsicht und im Gefühlsleben. Sie zieht große finanzielle Schwierigkeiten nach sich (Haus II). Sie erlaubt wegen mangelnder Eigeninitiative und einer zu abwartenden Haltung (Haus VI und Haus X) keinen beruflichen Aufstieg. Kummer, Mißhelligkeiten und Ärgernisse im Gefühlsbereich, ob in Liebe, Familie oder Freundschaft (Häuser III, XI, V) werden ohne irgendeine Gegenreaktion hingenommen.

Für Prozesse oder Verwaltungsangelegenheiten ist diese Karte sehr ungünstig, und die Gefahr von Verlusten ist groß (Häuser VII und IX). Beziehungen und Unterstützung bringen viel Enttäuschung (Haus XI). Sie ist der Gesundheit abträglich und kompliziert psychische Zustände (Haus VI). Alles in allem bringt diese Karte viel Instabilität, Unverständnis, Kummer, Kämpfe, Prüfungen und Zwänge. Nur die sehr sanften Karten (Sterne, Ausgleich) gewähren einen Aufschub, löschen aber die Unsicherheit nicht aus.

Schwert-Neun

Zweimal die Vierteilung mit einem neunten, senkrechten Schwert, das seine Kraft auf die acht anderen überträgt: hier beginnt die Phase der Verwandlungen.

Dies ist die Karte der Verzögerungen, der Brüche und der Hindernisse, die schwer zu umgehen sind. Sie macht Beziehungen zu anderen sehr schwierig, denn sie bewirkt zusammen mit schlechten Karten Trennungen und Brüche in der Familie und im Gefühlsleben (Häuser III oder V). Manchmal kündigt sie eine Scheidung an (Haus V oder Haus VII). Sie wirkt sich durch Zwänge oder mangelnde Beliebtheit negativ auf die berufliche Stellung (Haus VI) aus. Aktivität wird durch das mangelnde Einverständnis mit der Umgebung erschwert. Sie zeigt Krankheiten und Unannehmlichkeiten seelisch-geistiger und physischer Art (Haus VI), die schwer zu überwinden sind.

Es gibt eine Vielzahl von Prüfungen und Kämpfen, die viel Bitternis und Kummer zurücklassen. Sie kündigt das Verlieren von Prozessen, Schwierigkeiten in Verwaltungsangelegenheiten (haus IX), Scheitern bei Prüfungen und Examina, finanzielle Verluste (Haus II) und die Nicht-Verwirklichung von Plänen an. Sie bringt durch ein großes Verhängnis Trauer in Haus XII. Mit dem Turm oder der Arkane ohne Namen kündigt sie einen Bruch oder eine Trennung an. Mit dem Gehängten bewirkt sie Immobilität, Verzögerungen, Verdruß oder Krankheit.

Schwert-Zehn

Beim »Tarot de Wirth« überkreuzen sich zweimal fünf Schwerter, im »Tarot de Marseille« sind es zweimal vier Schwerter und zwei blaue Schwerter, deren Spitzen sich überkreuzen. Diese setzen Schwierigkeiten starke Kräfte entgegen.

Es ist eine Karte der Macht über Ereignisse, der Vorteile, des Erfolges; und der Schnelligkeit. Sie bringt dem Fragenden Kraft und Energie (Haus I und Haus VI) und erleichtert alle neuen Initiativen. Sie gewährt Erfolg in der beruflichen Aktivität (Haus VI), und der gesellschaftliche Aufstieg geht schnell voran (Haus X). Die Finanzen werden begünstigt und Transaktionen erleichtert (Häuser II und IX). Sie bringt eine schnelle Verbesserung der Gefühlsbeziehungen, ob in der Liebe, Freundschaft oder Familie (Häuser III, IV, V).

Sie erleichtert das Gelingen von Geschäften und verschiedenen Unternehmungen (Vereinigungen, Verträge). Sie weist auf Profite und Vorteile hin. Sie erlaubt es, Prüfungen entgegenzutreten (Haus XII). Mit dem Gehängten gibt sie die verlorene Vitalität zurück. Mit der Arkane ohne Namen bestätigt sie eine schnelle Umwandlung. Mit den »langsamen« Karten und den Saturnkarten gibt die Schwert-Zehn alle ihre Macht, um Unternehmungen zum Erfolg zu führen.

5.
Die Bilder

KÖNIG DER KELCHE

Kelch-König

Ein Mann mit einem weißen Bart, dem Symbol langjähriger Erfahrung, und einer goldenen Krone, dem Symbol für Macht und Herrschaft, hält einen goldenen Kelch in seiner rechten Hand. Die vor allem blaue und rote Kleidung ist ein Zeichen für Gleichgewicht zwischen Marteriellem und Spirituellem. Bei Wirth kommt noch ein Hauch Grün hinzu (Vitalität).

Diese Karte repräsentiert den guten, ergebenen, gefühlvollen und wohlwollenden Menschen. Sie steht für den Fragenden selbst (Haus I), den Ehemann (Haus VII) oder einen männlichen Angehörigen (Haus IV): den Vater oder den Ehegatten. Sie ist ungünstig für die berufliche Tätigkeit (Haus VI) und begünstigt finanzielle Gewinne (Haus II). Sie zeigt ausgezeichnete Beziehungen zur Mitwelt an. Freundschaften stehen auf festen Füßen und sind aufrichtig (Haus III, Haus XI).

Der Kelch-König kann der »Liebende« in Haus V sein. Dieser wohlwollende Mann gibt gute Ratschläge, seine Gefühle sind aufrichtig, seine Geduld kann auf die Probe gestellt werden. Er erhöht die Aussichten auf das Gelingen von Plänen und erlaubt es, über Rückschläge und Schwierigkeiten zu triumphieren. Sein Einfluß ist segensreich, und zeigt sich als Beschützer. In manchen Fällen ist er mit dem Papst vergleichbar.

Kelch-Königin

Beim »Tarot de Marseille« ist sie eine in Blau und Rot gekleidete Frau, die die Entfaltung einer Aktivität zur Verwirklichung eines Ideals anzeigt. Beim »Tarot de Wirth« ist sie in Rot und Grün gekleidet und gleicht so Energie und Vitalität im Hinblick auf eine Verwirklichung aus. Der Kelch, den sie in der rechten Hand hält, ist geschlossen, um die Passivität zu verstärken. Das Zepter in der linken Hand, das die Form eines Schwertes hat, erlegt ihr Autorität ib Gefühlsbereich auf.

Diese Karte repräsentiert eine freundliche, sanfte, ergebene und ehrenhafte Frau. Sie steht für die Fragende selbst (Haus I) oder die Ehefrau (Haus VII) oder aber für eine weibliche Angehörige (Haus IV): die Mutter oder die Ehegattin. Sie ist nicht sehr günstig für berufliche Aktivitäten (Haus VI) oder das Wachstum der Finanzen (Haus II), denn die Kelch-Königin ist zu gefühlsbetont, zu sehr Frau und Mutter. Sie steht für aufrichtige Beziehungen und Freundschaften, auf die man sich verlassen kann (Haus III und Haus XI). Diese Frau, deren Gefühlsleben von großer Bedeutung ist, ist an einem Aufstieg in bezug auf Gesellschaft, Erwerbsleben und Äußerlichkeiten nicht interessiert. Ihre Elemente sind Liebe, Freundschaft, Zuneigung, Ehe, Familie und Kinder. In Haus XII weist sie auf Zwänge und Opfer hin, insbesondere in gefühlsmäßiger Hinsicht.

Kelch-Bube

BUBE DER KELCHE

Der Kelch, den der junge Mann auf seinem Weg in der Hand hält, ist offen: er kann gefüllt werden. Der Blütenkranz ist ein Symbol für Liebe und Harmonie und verstärkt die Aktivität des Buben.

Diese Karte steht für einen gefühlvollen, ergebenen, dienstbereiten und vielleicht schüchternen jungen Mann. Sie steht für den Fragenden selbst, den Verlobten, den Sohn, den Bruder oder den Freund (Häuser I, III, IV. V). Diese Karte überstürzt nichts und ist eher gefühlsbetont als materiell. Die Gefühle sind aufrichtig. Eine zu große Schüchternheit verhindert manchmal Durchführungen, die sehr viel Willenskraft und Beharrlichkeit erfordern. Sie bringt Freuden und Genüsse und eine gewisse Sicherheit in Gefühlsangelegenheiten.

Mit dem Mond steht sie für einen jungen Mann, der seiner Familie eng verbunden ist (vor allem in Haus IV). Mit dem Liebenden betrifft sie einen jungen Mann, der angesichts einer Entscheidung zögert: in seinen Gefühlen in Haus V, in bezug auf Studien in Haus IX. Mit dem Herrscher kann sie einen jungen Mann repräsentieren, der die väterliche Autorität fürchtet. Mit den Sternen oder dem Ausgleich enthüllt sie einen treuen jungen Mann, der voller Hoffnung in die Zukunft sieht. Mit der Sonne ist der junge Mann sehr verliebt.

RITTER DER KELCHE

Kelch-Ritter

Ein barhäuptiger junger Mann auf einem trabenden Pferd. In seiner rechten Hand hält er einen offenen Kelch: das Symbol einer Opfergabe, die er bringt.

Dies ist die Karte, die eine Entwicklung, eine Veränderung in gefühlsmäßiger Hinsicht erlaubt. Diese Karte ist weder sehr gefühlsbetont noch sehr günstig im materiellen Bereich. Gefühle spielen eine sehr bedeutende Rolle und sind in jeder Situation vorherrschend. Sie bringt viel Glück, Gefühle und Freude in Freundschaftsbeziehungen (Haus XI), in der Familie (Häuser III und IV) und in der Liebe (Haus V). Sie steht oft für eine neue Bekanntschaft, denn sie bezeichnet eine Zuneigung, eine Freundschaft oder eine Liebe, die »neu hinzukommt«, »auf einen zukommt«. Sie schützt das Gefühlsleben und festigt die bereits bestehenden Bindungen.

Sie erlaubt es, Entscheidungen zu treffen und gewährt ein größeres Selbstvertrauen. Sie befreit von Hemmnissen und Zwängen (Haus XII). Sie erleichtert die gesundheitliche Wiederherstellung (Haus VI). Mit der Herrscherin oder dem Ausgleich kündigt sie gute Nachrichten an. Mit dem Liebenden wird eine richtige Wahl getroffen werden. Mit dem Teufel werden die Gefühle leidenschaftlich. Diese Karte ist immer glückverheißend.

KÖNIG DER MÜNZEN

Münzen-König

Ein sitzender Mann mit einem weißen Bart, dem Symbol langjähriger Erfahrung, trägt einen Hut, dessen breite Krempe an eine liegende 8 erinnert, das Symbol der Unendlichkeit. Er sitzt, und sein leicht angehobener linker Fuß ist ein Zeichen für Entscheidung. In seiner rechten Hand (Vernunft) hält er eine golden Münze.

Diese Karte repräsentiert einen ernsten, loyalen und intelligenten Mann. Sie steht für den Fragenden selbst (Haus I), den Ehemann (Haus VII) oder einen männlichen Angehörigen (Haus IV): den Vater oder Ehegatten. Im allgemeinen handelt es sich um einen Menschen, der vor finanziellen Problemen geschützt ist und sich in einer gehobenen und behaglichen sozialen Stellung befindet. Er ist nicht sehr gefühlsbetont und in seiner Fähigkeit, zu lenken, zu befehlen und zu entscheiden (der leicht angehobene Fuß erinnert an den Fuß des Herrschers, dem Stab-König ähnlich, der für das Treffen einer Entscheidung steht).

Dieser Mann symbolisiert den einflußreichen Beschützer und den Freund, auf den man sich in schwierigen Augenblicken verlassen kann (Haus XI). Diese Karte stellt im positivem Sinn alle Geldangelegenheiten dar; die für die Erstellung eines Projektes erforderliche finanzielle Hilfe wird gewährt. Durch ihre Stärke, Intelligenz und Möglichkeit der Herrschaft erlaubt diese Karte, sich materiellen und finanziellen Prüfungen zu entziehen (Haus XII).

KÖNIGIN DER MÜNZEN

Münzen-Königin

Eine Frau zeigt ihr linkes Profil, um Reflexion und Meditation anzudeuten. Ihre Krone und ihr Zepter stehen für die Macht und Befehlsgewalt, derer sie sich bedienen kann. Mit ihrer rechten Hand hält sie eine goldene Münze, Symbol materieller Werte, hoch.

Diese Karte zeigt eine intelligente, ernsthafte und loyale Frau. Sie steht für die Fragende selbst (Haus I), die Ehefrau (Haus VII), oder aber für eine weibliche Angehörige (Haus IV): die Mutter, die Ehegattin. Sie ist nicht ungünstig für das Gefühlsleben, aber die Vernunft ist stärker als die Gefühle. Eine gewisse materielle Leichtigkeit gibt ihr einen beherrschenden Aspekt.

Wie der Münze-König bringt sie glückliche Lösungen in finanziellen Angelegenheiten (Haus II) oder in beruflicher Tätigkeit (Haus VI). Sie ist beschützend und einflußreich: sie ist die Freundin, die Schwester oder die Bekannte, auf die man sich verlassen kann. Sie befreit von materiellen und finanziellen Prüfungen und bringt durch intelligente Überlegungen und eine beherrschende, mächtige Haltung Lösung für Zwänge im Gefühlsbereich.

Münzen-Bube

Ein junger Mann, der mit seiner rechten Hand eine goldene Münze emporhält. Er steht aufrecht, und seine gespreizten Beine weisen auf Stabilität hin. Sein Hut mit der breiten Krempe erinnert an die kosmische 8. Eine Münze auf dem Boden zeigt die Fruchtbarkeit materieller Macht an.

Diese Karte stellt einen ernsthaften, intelligenten und liebenswürdigen jungen Mann dar. Sie steht für den Fragenden selbst, den Verlobten, den Bruder, den Sohn oder den Freund (Häuser I, III, IV, V und XI). Obwohl diese Karte nicht ungünstig für Gefühlsangelegenheiten ist, ist sie alles in allem sehr materiell. Sie gewährt Leichtigkeit im finanziellen Leben (Haus II) und gewisse Erfolgsaussichten im Beruf, (Haus VI). Dank materieller Sicherheit befreit sie von Prüfungen (Haus XII).

Sie steht für einen Menschen, der gebildet ist und zu gefallen weiß, dessen Unerfahrenheit jedoch nicht immer ein schnelles Vorankommen in gesellschaftlicher Hinsicht (Haus X) erlaubt. In der Liebe wie in der Freundschaft bringt sie eine gewisse Leichtigkeit der Gefühle. In diesem Buben sind Reflexion, Fleiß und eine hohe Achtung vor Studien und allen beruflichen Tätigkeiten zu sehen. Schließlich erlaubt eine realistische Intelligenz ein Gleichgewicht in materieller Hinsicht und gewährt die Verbesserung von Geschäften, die gerade abgewickelt werden.

RITTER DER MÜNZEN

Der Münzen-Ritter

Im »Tarot de Wirth« hält ein junger Mann zu Pferd eine Münze in der linken Hand (Gefühl) hoch. In seiner Kleidung herrscht Blau vor, ein Zeichen für Spiritualität. Im »Tarot de Marseille« ist der junge Mann in Blau und Rot gekleidet, so daß ein Gleichgewicht zwischen Materiellem und Spirituellem entsteht. Er blickt auf eine höher plazierte Münze (spirituelles). Über seiner Schulter liegt ein Stab, den er in der rechten Hand hält und der für vernünftiges Handeln steht.

Dies ist die Karte, die materielle Erfüllungen und finanzielle Befriedigung erlaubt. Sie erleichtert alle Geldoperationen (Haus II) und bringt mit sich eine ausgezeichnete finanzielle Stabilität. Sie gewährt Vorankommen und Sicherheit im Beruf (Haus VI). Sie begünstigt Vereinigungen (Haus VII), die Abwicklung aller Verwaltungsangelegenheiten und den Ablauf von Prozessen (Haus IX). Sie verbessert Geschäftsbeziehungen (Haus XI).

Sie beschleunigt die Verwirklichung von Plänen und materiellen Angelegenheiten, und ist nicht ungünstig für das Gefühlsleben, aber die Vernunft ist stärker als die Gefühle. Diese Karte ist beschützend und einflußreich und erlaubt es, den Triumph über materielle und finanzielle Schwierigkeiten davonzutragen, indem sie von Prüfungen befreit (Haus XII). Mit dem Magier wird die Verwirklichung von Plänen erleichtert. Mit der Päpstin werden materielle Güter beschützt. Mit dem Triumphwagen ist die Überlegenheit in materieller Hinsicht sicher, und Geschäftsreisen werden begünstigt.

KÖNIG DER STÄBE

Stab-König

Ein reichgekleideter Mann, mit Hut und Krone sitzt dem Betrachter gegenüber. Fest in seiner rechten Hand hält er einen Stab oder ein Zepter, mit der Spitze nach unten. Diese Anordnung bringt Festigkeit, Energie, Stärke, Macht und Autorität.

Diese Karte repräsentiert Entscheidungen, Macht und beherrschende Autorität. Sie bestimmt den Fragenden selbst oder den Ehegatten zum Geschäftsmann. Dieser unsentimentale König regiert mit Mut und Energie, befiehlt, entscheidet und führt aus. Diese Karte repräsentiert oft einen Vorgesetzten und steht für einen günstigen Halt in geschäftlichen Dingen. Sie begünstigt das berufliche Vorankommen (Haus VI) und verheißt Erfolg beim sozialen Aufstieg (Haus X).

Sie ordnet auf segensreiche Weise alle abzuwickelnden Geschäfte (Haus IX). Sie bringt Hilfe in den Finanzen (Haus II) und gibt wieder Kraft und Vitalität (Haus VI). Prüfungen werden dank der beherrschenden Stärke, die von der Figur ausgeht, beseitigt (Haus XII). Alles in allem ist diese Karte sehr stark, denn sie verbindet Intelligenz mit Diplomatie, Verdienst mit Erfolg, Ehrgeiz mit Stärke und Aktivität mit Energie.

KÖNIGIN DER STÄBE

Stab-Königin

Eine junge Frau, sitzend, in Blau und Rot gekleidet (Gleichgewicht zwischen Materiellem und Spirituellem), trägt eine Krone (Macht) auf ihrem langen Haar (Kraft). »Im Tarot de Wirth« hält sie mit starker Hand einen auf den Boden gestützten Stab. Im »Tarot de Marseille« ist der Stab gegen die Schulter gelehnt. In beiden Fällen steht das Zepter für Autorität und Macht.

Diese Karte repräsentiert eine intelligente, aktive gebieterische und energische Frau. Sie steht für die Fragende selbst, die Ehegattin oder eine (manchmal fremde) weibliche Bekannte. Es handelt sich immer um eine gebieterische, selbstständige Frau, die Selbstvertrauen besitzt und geschäftlichen Dingen eher zugeneigt ist als dem Gefühlsleben.

Diese Karte steht für finanzielle (Haus II) und berufliche (Haus VI) Befriedigung. Sie erleichtert die Verwirklichung von materiellen Plänen und begünstigt den glücklichen Ausgang abzuwickelnder Geschäfte (Haus IX). Vereinigungen sind segensreich (Haus VII). Intelligenz und Autorität erlauben es, über Prüfungen und materielle Kämpfe zu triumphieren (Haus XII). Sie setzt im häuslichen Leben ihren Willen durch (Haus IV) und kümmert sich wenig um die Gefühle der anderen (Haus V).

Stab-Bube

Ein junger Mann, im Profil abgebildet, bietet mit seinen ausgestreckten Händen einen grünen Stab dar, Symbol der Befehlsgewalt. Er schreitet voran, ein Zeichen für Bewegung, und sein rechtes Profil bestätigt eine in der Entwicklung begriffene Aktion.

Diese Karte repräsentiert die Loyalität und Energie, die eingesetzt wird, um Taten zu vollbringen. Sie steht für den Fragenden selbst, einen Sohn, einen Freund oder einen Bruder, und oft wird dieser Bube als »Überbringer von Neuigkeiten« angesehen. Diese Karte gewährt Intellektualität und begünstigt demzufolge Studien (Haus IX). Sie bestätigt den Erfolg in der beruflichen Tätigkeit und im sozialen Aufstieg (Häuser VI und X).

Sie bringt viel Weichherzigkeit, was Gefühlsbeziehungen, ob in Liebe, Freundschaft oder Familie, erleichtert (Häuser III, IV, V). Der Wunsch, Erfolg zu haben, ist aufrichtig und tief, außerdem ist der Einfluß dieses Buben ausgezeichnet. Er ist ergeben und erlaubt es, aus verzwickten Situationen herauszukommen. Er ist treu und vorausschauend in bezug auf seine Umgebung. Er ist eigensinnig und bringt seinen ganzen Mut auf, um zum gesetzten Ziel zu kommen. Alles in allem zeigt diese Karte ebensosehr einen spirituellen und gefühlsbezogenen und finanziellen Aufstieg an.

RITTER DER STÄBE

Stab-Ritter

Ein junger Mann auf einem trabenden Pferd hält einen Stab in seiner linken Hand. Die breite Krempe seines Hutes bildet die 8 der Unendlichkeit, und das ganze Bild bringt eine schöpferische Aktivität.

Diese Karte steht für Ortswechsel und große Aktivität. Sie kündigt Neuigkeiten an und weist fast immer auf eine Verbindung zwischen Ortswechsel, Reisen, Initiativen und einer überschäumenden Aktivität hin. Sie steht für günstige Veränderungen bei der Arbeit (Haus VI) und in finanziellen Angelegenheiten (Haus II). Die Ereignisse nehmen einen schnellen Lauf und bringen persönliche Befriedigung.

Sie bringt Ruhe und Glück im häuslichen Leben (Haus IV); die Gefühle sind aufrichtig, aber nicht überströmend. Sie erlaubt es, geschäftliche Dinge zu einem günstigen Ende zu bringen, Vereinigungen zu fördern (Haus VII) und sich von Zwängen und Prüfungen zu befreien (Haus XII). Diese Karte bringt Reflexion und Erfahrung, die zu erfolgreichen Unternehmungen und einem allgemeinen Gleichgewicht führen. Die Reflexe sind schnell, die Veränderungen nützlich und die Ideen fruchtbar.

KÖNIG DER SCHWERTER

Schwert-König

Diese Figur hält ein Schwert, Symbol für Tapferkeit und Entscheidung zwischen Leben und Tod, fest in ihrer rechten Hand. Der Stab in der linken Hand bestätigt Macht und Befehlsgewalt. Der König sitzt, sein rechter Fuß ist leicht hochgezogen, als Stütze für Entscheidungen. Die beiden Profile auf den Schultern stehen für die Gegensätze im Ablauf der Handlungen.

Diese Karte repräsentiert Strenge, Gefühllosigkeit und Unbeugsamkeit. Sie steht für den Fragenden selbst, den Ehegatten, einen Verwandten oder einen Bekannten. Es handelt sich beinahe immer um einen kalten und strengen Menschen. Die Situation steht oft im Zusammenhang mit Gesetzen (Notariat, Gericht, Verwaltung) oder mit der Medizin. Eine starke und gewaltige Macht setzt sich durch und beeinträchtigt Verwaltungsangelegenheiten, Prozesse sind schwer zu gewinnen (Haus IX), Vereinigungen sind von Schwierigkeiten gekennzeichnet (Haus VII).

Keine Grillen und Launen werden den unbeugsamen Charakter stören, und demzufolge ist das Gefühlsleben durch Kälte, Härte, Zweifel und Mißgunst geprägt. In Haus VI kann sie für einen Arzt stehen. In Haus XII bestätigt sie gesundheitliche Rückschläge oder Probleme mit dem Gesetz. Sie bringt Zwänge, Kämpfe und Schwierigkeiten, von denen man sich nur schwer befreien kann. Mit der Gerechtigkeit bestätigt sie die Schwierigkeiten eines Prozesses. Mit dem Herrscher warnt sie vor einer tyrannischen Macht. Mit dem Gehängten oder dem Turm repräsentiert sie oft einen Arzt oder Chirurgen.

KÖNIGIN DER SCHWERTER

Die Schwert-Königin

Eine in Blau und Rot gekleidete Frau trägt eine goldene Krone, um ihre sowohl materielle als auch spirituelle Macht zu behaupten. Sie sitzt und hält, mit der Spitze nach oben, ein Schwert in ihrer rechten Hand: es symbolisiert die Macht, bei Streitfragen zu entscheiden und den Ausschlag zu geben.

Die Deutung dieser Karte ist durch die Autorität, Härte und Kälte der Figur mit der vorherigen vergleichbar. Sie steht für eine Frau, die die Fragende selbst oder eine nahe Verwandte (Mutter, Großmutter, Schwiegermutter, Tante) sein kann. Es handelt sich oft um eine ältere Frau, die verwitwet, alleinstehend oder geschieden ist und sich einfach nur unverstanden glaubt.

Diese für Gefühlsbeziehungen ungünstige Karte stört den familiären Frieden (Haus IV), Freunde werden kritisiert, Zerwürfnisse mit Freunden und Familienangehörigen werden heraufbeschworen, und man findet Gefallen daran, Streit zu suchen. Pessimistisch und mißgünstig wie diese Karte ist, schreckt sie vor Rache nicht zurück. Sie bringt finanzielle (Haus II) oder berufliche (Haus VI) Komplikationen. Sie führt zu Enttäuschungen, Zwängen und Sorgen aller Art. Sie schafft ein Gefühl des Unbehagens und kompliziert das Leben durch Prüfungen aller Art.

BUBE DER SCHWERTER

Schwert-Bube

Ein junger Mann, der unbeweglich mit gespreizten Füßen dasteht, hat soeben mit seiner linken Hand das Schwert aus seiner Scheide gezogen. Er ist bereit, sich dieses Schwertes zu bedienen, um sich zu verteidigen, anzugreifen, sich zu rächen oder eine Streitfrage zu entscheiden. Das Schwert ist hier ein Symbol für Verhängnis.

Diese Karte steht für Boshaftigkeit, Mißgunst, Verrat und Vertrauensmißbrauch. Sie kann selbstverständlich einen jungen Menschen männlichen Geschlechtes repräsentieren, dessen Gedanken auf Abwege geraten sind und der böse und unehrenhaft ist. Aber viel öfter steht sie für einen Zustand tiefer Gefühle, die immer finster und negativ sind. Diese Karte stört alle Situationen durch ihre Falschheit und Hinterhältigkeit. Sie ist wegen ständiger Neigung zu Mißgunst und Eifersucht ungünstig für Gefühlsbindungen.

Sie führt zu Racheakten, sowohl in beruflicher Hinsicht (Haus VI) als auch in allen äußeren Beziehungen. Sie trägt dazu bei, in den Gehirnen Zweifel zu verbreiten. Sie bestätigt gefährliche Beziehungen und unlautere Konkurrenz. Bei diesem Buben findet man Undank, Verleumdung, Instabilität und in manchen Fällen auch Gefahr, denn er sät Zwietracht. Es ist also zu empfehlen, im Hinblick auf Pläne äußerst vorsichtig, mißtrauisch und zurückhaltend zu sein. Die Wachsamkeit muß noch erhöht werden, wenn diese Karte auf dem Teufel oder neben der Schwert-Königin liegt.

RITTER DER SCHWERTER

Schwert-Ritter

Ein junger Mann in einer Rüstung auf einem galoppierenden Pferd. In seiner linken Hand schwingt er ein Schwert. Die Rüstung symbolisiert Schutz; das Schwert symbolisiert Verteidigung durch Handeln.

Diese Karte steht für starke, mutige und tollkühne Taten. Sie zeigt Stellungnahme oder einen mit Unerschütterlichkeit gefaßten Entschluß an. Sie bringt im allgemeinen Kämpfe, Hindernisse und Schwierigkeiten, gewährt jedoch immer die Möglichkeit, mit großer Energie, innerer Stärke und manchmal auch Gewalt den Sieg davonzutragen. Sie zieht ärgerliche Schritte und unerwartete, unangenehme Ortswechsel nach sich.

Sie erlaubt es, durch starken Willen den Sieg über Feinde davonzutragen, sich von materiellen und finanziellen Zwängen zu befreien und Situationen, die die Gefühle betreffen, zu erhellen. Kraft und Stärke führen zum Erfolg, aber man muß kämpfen können, um alle Schwierigkeiten zu besiegen. Mit dem Triumphwagen oder der Kraft bestätigt sie eine große Energie, gegen Schwierigkeiten zu kämpfen. Mit der Gerechtigkeit gewährt sie nach Hemmnissen den Erfolg. Mit dem Turm erlaubt sie, »Schlägen« zu widerstehen.

Das Auslegen der Karten

Die Rad-Auslage

Die kleinen Karten werden nach den »großen« Karten ausgelegt. Dabei gibt es verschiedene Arten, die Tarot-Karten zu legen, und diese wollen wir uns jetzt einmal näher ansehen.

Zunächst einmal die »Rad-Auslage«. Sie besteht aus zwölf großen Arkanen, die in Kreisform ausgelegt werden. Mit der ersten Karte wird auf der linken Seite begonnen, die nachfolgenden Karten werden von links nach rechts gelegt, wobei der Kreis langsam geschlossen wird (siehe nachfolgende Seite). Jede der Karten stellt ein symbolisches Haus dar. Diese Häuser entsprechen, bis hin zu ihrer Bedeutung im einzelnen, den astrologischen Häusern. Die Aussage des Tarot gilt nur für wenige Monate oder sogar nur für wenige Wochen, die Antworten haben also mehr Substanz und gelten unmittelbarer, und der freie Wille wird mehr eingegrenzt als in der Astrologie, wo der Fragende manchmal mehrere Jahre hat, um den »Zyklus des Werdens« zu entkräften oder zu beeinflußen.

Die Rad-Auslage ist eine vollständige Auslage, die auf alle Fragen allgemeiner Art und auf alle Fragen zu den verschiedensten Lebensbereichen eine Antwort gibt.

Nach einer ersten Deutung der ausgelegten zwölf Karten kommen die kleinen Karten hinzu. Auf jede »große« Karte wird eine kleine Karte gelegt, und so wird eine Ergänzung der Aussage, die Bestätigung einer Tatsache, die Erhellung eines Problems möglich. Die kleinen Arkanen bringen nicht durchweg eine Lösung, doch sie enthalten immer wichtige Ergänzungen in bezug auf die gestellten Fragen.

Die astrologischen Häuser

Haus X

Die gesellschaftliche Stellung
Ambitionen
Das Ideal
Die Mutter

Haus XI

Beziehungen und Unterstützungen
Pläne
Hoffnungen

Haus XII

Prüfungen
Kämpfe
Geheime Dinge

Haus I

Der Fragende
Seine Geisteshaltung
Seine Möglichkeiten
Seine Absichten

Haus II

Die finanzielle Situation
Erwerbungen

Haus III

Die nähere Umgebung
Die Familienangehörigen
Neuigkeiten
Kleinere Ortswechsel
Brüder und Schwestern

Haus IV

Ehe
Familie
Der Vater

Haus IX

Das geistige
Leben
Reisen
Höhere Studien
Verwaltung

Haus VIII

Veränderungen
Gewinne
Tiefgreifende
Veränderungen

Haus VII

Das äußere Leben
des Fragenden
Verbindungen und
Vereinigungen
Heirat
Der Ehepartner

Haus VI

Arbeit
Gesundheit

Haus V

Das Gefühls-
leben
Werke und
Schöpfungen
Die Kinder

Die abgeleiteten Häuser

Bei der Auslage in astrologischen Häusern steht jedes Haus für einen Lebensbereich des Fragenden. Haus II gibt beispielsweise Auskunft über den Stand seiner Finanzen und seiner Erwerbungen, Haus V über die Harmonie in seinem Gefühlsleben und seine Fähigkeit, etwas zu vollbringen, über seine Beziehungen oder auch über das Leben seiner Kinder. Das Auslegen der Tarot-Karten macht es also möglich, unmittelbar auf alle personlichen Anliegen des Fragenden Antwort zu geben. Dieser interessiert sich jedoch vielleicht für die derzeitigen oder zukünftigen Probleme seines Vaters (Haus IV), seiner Mutter (Haus X) oder seines Ehepartners (Haus VII). Dank der Methode der »abgeleiteten Häuser« kann der Fragende bei ein und derselben Auslage, je nach Wunsch, sowohl etwas über seine eigene Situation als auch über die seines Ehepartners erfahren.

Die abgeleiteten Häuser sind also ein System, das darin besteht, die Bedeutung eines bestimmten Hauses durch die Symbolik des Hauses I und die Bedeutung der folgenden Häuser durch die Symbolik der Häuser II, III, IV usw. zu ersetzen.

Zum Beispiel, und dies werden wir später noch einmal an einem praktischen Beispiel zeigen, zieht eine junge Frau die Karten und bittet um Auskunft über die Entwicklung ihrer eigenen Situation und über die (persönliche, finanzielle und berufliche) Situation ihres Ehemannes. Nach der Deutung der Karten wird ihr der Tarologe Auskunft über künftige Geschehnisse in bezug auf ihren Ehemann geben, indem er Haus VII (Ehepartner) so analysiert, als wäre es Haus I und danach die Häuser VIII, IX, X usw. so interpretiert, als wären es die Häuser II, III, IV usw. Auf diese Art ist es möglich, die Karten des Ehemannes über die Karten der Ehefrau mitzudeuten.

»Siehe Beispiel auf der folgenden Seite«

Die abgeleiteten Häuser

Haus I des Fragenden

Wird zu Haus VII des Ehepartners,
Haus IX des Kindes
Haus IV der Mutter
Haus X des Vaters

Haus XII des Fragenden

Wird zu Haus VI des Ehepartners,
Haus VIII des Kindes,
Haus III der Mutter,
Haus IX des Vaters

Haus XI des Fragenden

Wird zu Haus V des Ehepartners,
Haus VII des Kindes,
Haus II der Mutter,
Haus VIII des Vaters

Haus X des Fragenden

Wird zu Haus IV des Ehepartners,
Haus VI des Kindes,
Haus I der Mutter,
Haus VII des Vaters

Haus II des Fragenden

Wird zu Haus VIII des Ehepartners,
Haus X des Kindes,
Haus V der Mutter,
Haus XI des Vaters

Haus III des Fragenden

Wird zu Haus IX des Ehepartners,
Haus XI des Kindes,
Haus VI der Mutter,
Haus XII des Vaters

Haus IV des Fragenden

Wird zu Haus X des Ehepartners,
Haus XII des Kindes,
Haus VII der Muter,
Haus I des Vaters

Für den Verlobten oder die Verlobte gilt Haus III. Für einen früheren Ehemann gilt Haus IX.

Haus IX des Fragenden

Wird zu Haus III
des Ehepartners,
Haus V
des Kindes,
Haus XII
der Mutter,
Haus VI
des Vaters

Haus VIII des Fragenden

Wird zu Haus II
des Ehepartners,
Haus IV
des Kindes,
Haus XI
der Mutter,
Haus V
des Vaters

Haus VII des Fragenden

Wird zu Haus I
des Ehepartners,
Wird zu Haus III
des Kindes,
Wird zu Haus X
der Mutter,
Wird zu Haus IV
des Vaters

Haus VI des Fragenden

Wird zu Haus XII
des Ehepartners,
Haus II
des Kindes,
Haus IX
der Mutter,
Haus III
des Vaters

Haus V des Fragenden

Wird zu Haus XI
des Ehepartners,
Haus I
des Kindes,
Haus VIII
der Mutter,
Haus II
des Vaters

Deutung der hohen Arkanen bei der Rad-Auslage

Siehe Auslage auf den folgenden Seiten

Die Fragende befindet sich in einer Zeit der schnellen und äußerst wichtigen Veränderung (Haus I: das Gericht).
 Die Karte XVI bei der Ehe und die XIII in Haus VII weisen auf einen Bruch zwischen den Ehegatten hin.
 Dies wird bestätigt durch das Gericht in Haus XII, das Prüfungen im Zusammenhang mit dem Gesetz angibt. Schließlich ist das Gefühlsleben der Fragenden nicht sehr glücklich: sie ist einsam (der Einsiedler in Haus V), und es gibt Kummer und Sehnsucht im Gefühlsbereich (Sonne in Haus VIII).
 Insgesamt wird ein Scheitern des ehelichen Lebens, eine schwierige Scheidung und ein erschüttertes Gefühlsleben bestätigt.
 Günstiger sieht es für das berufliche Leben aus, das ihr Unabhängigkeit und Erfolg bringt (Rad des Lebens), und die Welt in Haus X läßt sie auf einen vollen Erfolg in gesellschaftlicher Hinsicht hoffen.
 Zweifellos gibt ihr dies die Möglichkeit, viel unterwegs zu sein (begegnet der Herrscherin, der Welt, dem Triumphwagen und dem Rad des Lebens in Haus VI).
 Außerdem begünstigt der Triumphwagen in Haus IX Reisen, der Liebende in Haus III zeigt Zögern bei einer zu treffenden Entscheidung an, und der Narr in Haus II enthüllt, daß die Fragende bei der Verwaltung ihrer Finanzen nicht sehr vernünftig ist.

Die Deutung der kleinen Arkanen bei der Rad-Auslage

Nach der Deutung der »großen« Karten werden wir nun die erhaltenen Auskünfte durch die Aussage der kleinen Karten ergänzen, die auf die »großen« Karten gelegt werden.

Die Schwert-Zwei auf dem Gericht bestätigt einen Wandel, der von einer inneren Rivalität und einer äußeren Dualität herrührt. Es gibt Kampf.

Die Fragende wird mit dem Kelch-König brechen, der auf der Arkane XIII in Haus VII liegt. Es handelt sich hier um den Ehemann, der aus ihrem Leben »verschwinden« wird.

Die Schwert-Vier in der Ehe bezeichnet das Ende der Kämpfe und Schwierigkeiten nach einer schweren Erschütterung der Ehe (Turm in Haus IV).

Die Kelch-Zwei auf der Sonne in Haus VIII verschlimmert Kummer in Gefühlsangelegenheiten, aber die Schwert-Sieben auf dem Gericht in Haus XII erlaubt es, gerichtliche Unannehmlichkeiten (vermutlich wegen einer Scheidung) zu mildern. Das Münzen-As bestätigt einen Triumph in der beruflichen Tätigkeit, und die Münzen-Zehn ermutigt die Fragende, den eingeschlagenen Weg weiterzuverfolgen. Tatsächlich lassen die beiden Karten in Haus VI und Haus X auf eine materielle und intellektuelle Bereicherung hoffen.

Neue Pläne werden begünstigt, und es wird eine Beförderung stattfinden oder sich ein Vorschlag anbieten (Stab-As auf der Herrscherin in Haus XI).

Die Stab-Drei erleichtert berufliche Ortswechsel, und die Stab-Sieben verstärkt das Bedürfnis, in geschäftlichen Dingen, nicht aber in der Liebe, den Sieg davonzutragen.

Die Stab-Sechs auf dem Narr bringt keine Ordnung in die finanzielle Unordnung der Fragenden und verstärkt unglücklicherweise ihre Instabilität noch mehr.

Schließlich läßt die Kelch-Sechs auf dem Liebenden die Ungewißheit andauern und erlaubt es nicht, Entscheidungen zu treffen.

Deutung der abgeleiteten Häuser der vorherigen Auslage

Nach dieser Deutung, die sie persönlich betrifft, bittet die Fragende um Auskunft über ihre fünfzehnjährige Tochter.

Dazu gehen wir von Haus V (die Kinder) aus, das für die Tochter zu Haus I wird.

Das einsame junge Mädchen verbirgt seine Traurigkeit hinter einer emsigen Aktivität (Einsiedler und Stab-Sieben).

Der Vater ist für sie »ihre« Sonne; eine Sonne, die sie bewundert und von der nur wenig für sie abfällt (Sonne und Kelch-Zwei).

Dafür empfindet sie die Instabilität der Mutter nicht so starkt; sie hat den Eindruck, daß ihre Mutter mehr Zeit und Interesse auf ihre Aktivitäten verwendet als auf ihr Gefühlsleben (Narr und Stab-Sechs).

Große schöpferische Möglichkeiten stehen diesem jungen Mädchen offen (Triumphwagen und Stab-Drei im Haus der Schöpfungen; die Welt bei der schulischen Arbeit und schließlich die Herrscherin mit dem Stab-As bringen zudem eine große intellektuelle Fruchtbarkeit).

Die häusliche Krise kann diese ausgezeichneten Möglichkeiten jedoch im Augenblick hemmen.

Schließlich erlebt das junge Mädchen eine Zeit der laufenden Veränderung, der Instabilität und er Enttäuschung (Narr), und das Zerbrechen der Ehe ihrer Eltern wird für sie zu einer schmerzlichen und schwer zu überwindenden Prüfung (Turm).

Für den Ehemann der Fragenden wird Haus VII zu Haus I. Bei ihm stellt man, trotz manchmal unüberlegter Geldausgaben (Sonne, Narr, Kelch-Zwei und Stab-Sechs) materielle Befriedigung, ein neues berufliches Gleichgewicht (Gerechtigkeit und Münzen-As) und eine Befreiung von Schwierigkeiten (Rad des Lebens und Schwert-Sieben) fest. Die Welt bestätigt bei ihm eine neue glückliche Ehe nach einem familiären Zerwürfnis (Turm).

Die keltische Auslage

Hier nun eine andere Art, die Tarot-Karten auszulegen. Sie ist nicht ganz so vollständig wie die Auslage in astrologischen Häusern, erlaubt aber dennoch genaue Interpretationen. Diese sogenannte »keltische Auslage« ist leicht und einfach und kann oft gelegt werden. Nachdem die 22 großen Arkanen gemischt und abgehoben worden sind, zieht der Fragende zehn Karten, die wie abgebildet gelegt werden.

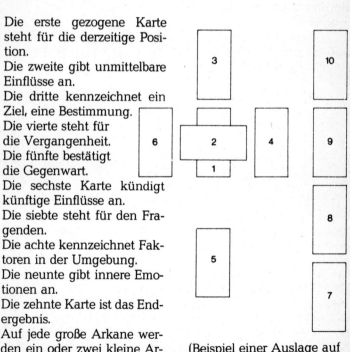

Die erste gezogene Karte steht für die derzeitige Position.
Die zweite gibt unmittelbare Einflüsse an.
Die dritte kennzeichnet ein Ziel, eine Bestimmung.
Die vierte steht für die Vergangenheit.
Die fünfte bestätigt die Gegenwart.
Die sechste Karte kündigt künftige Einflüsse an.
Die siebte steht für den Fragenden.
Die achte kennzeichnet Faktoren in der Umgebung.
Die neunte gibt innere Emotionen an.
Die zehnte Karte ist das Endergebnis.
Auf jede große Arkane werden ein oder zwei kleine Arkanen gelegt.

(Beispiel einer Auslage auf den folgenden Seiten).

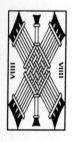

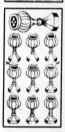

Deutung der abgebildeten keltischen Auslage

Die Fragende ist eine ruhige, sanfte und ausgeglichene Frau (Ausgleich in Haus VII). Die Schwert-Drei bringt Verzögerungen und Langsamkeit bei Realisierungen.

Dennoch wird für sie eine Zeit der Chance beginnen (die Welt) und ihr materielle Stabilität bringen (Münzen-Vier). Die unmittelbaren Einflüsse werden vom Gericht geprägt, das eine Erneuerung und einen Neubeginn bestätigt, der mit ihrer Aktivität zusammenhängt (Stab-Sieben).

Ihr Ziel ist der Wunsch, etwas Neues zu beginnen (Magier), und es wird bestätigt, daß ihr zum Handeln alles offensteht. (Stab-Vier).

Die Hindernisse der Vergangenheit (Einsiedler) werden beseitigt und überwunden (Schwert-Vier).

Sie wird in Gefühlsdingen eine innere Wahl treffen (der Liebende und der Kelch-König), und die Herrscherin bringt ihr einen glänzenden und bereichernden Aufschwung.

Eine schnelle und günstige Bewegung (Rad des Lebens) bringt ihr Glück und Erfolg (Kelch-Zehn). Ein Energiestrom (die Kraft) gibt ihr den Willen und den Mut, an das gesteckte Ziel zu gelangen (Stab-Bube).

Schließlich kann das Endresultat, das der Triumphwagen angibt, nur einen Sieg über die Ereignisse bestätigen. Die Stab-Zehn unterstützt eine segensreiche Veränderung, eine gelungene Entwicklung.

Die Auslage in einer Reihe oder im Viereck

Nachdem die 22 großen Arkanen gemischt und abgehoben worden sind, zieht der Fragende 9 Karten, die wie unten abgebildet in einer Reihe oder einem Viereck gelegt werden.

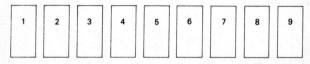

Die drei ersten Karten stellen die Kräfte der Vergangenheit, die erworbenen Kenntnisse oder die Hindernisse dar, die überwunden worden sind.

Die drei folgenden geben unmittelbare Einflüsse, Möglichkeiten von Angeboten und Gelegenheiten an, die ergriffen werden sollten.

Die drei letzten schließlich betreffen die Zukunft. Sie zeigen den Weg, der verfolgt werden sollte und geben die Lösungen an.

Nach der Deutung dieser Auslage kann jede Karte mit einer kleinen Arkane abgedeckt werden, die die Situation bestätigt, den Fragenden klarer sehen läßt oder hilft, eine Aussage besser zu verstehen. Auf den folgenden Seiten zeigen wir ein Auslage-Beispiel mit anschließender Deutung.

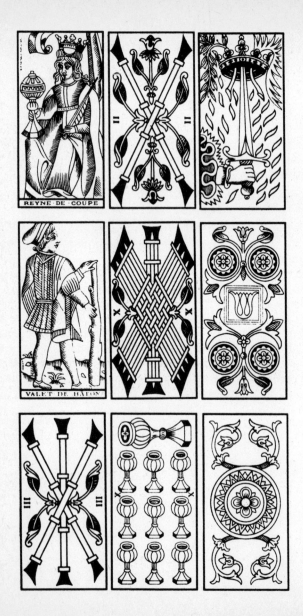

Deutung der abgebildeten Auslage im Viereck

Früher hat es der Fragenden ganz sicher an Kommunikation gefehlt (Päpstin), und sie hat in großer Einsamkeit gelebt (Einsiedler). Aber diese Einflüsse haben ihr erlaubt, tiefe Erkenntnisse zu gewinnen und tiefe Weisheit zu erlangen, was wiederum dazu beitrug, ihre intuitiven Fähigkeiten zu entwickeln (Mond). Die Stab-Zwei kennzeichnet die innere Dualität, mit der die Kelch-Königin (die Fragende) gelebt hat. Das Schwert-As hat ihr erlaubt, dieser Dualität ein Ende zu machen, indem es ihr die Macht verlieh, auf den Gang der Ereignisse Einfluß zu nehmen. Es gab ihr seine Stärke und seine Willenskraft, um ihre Zukunft aufzubauen.

In der Gegenwart stellt man fest, daß die Fragende, stark geworden durch ihre Erkenntnisse, sich der äußeren Welt öffnet (Welt). Sie tritt mit Kraft, Energie und Willensstärke (Kraft) in ein neues Leben. Dies ist ihre Wiederauferstehung (Gericht). Der Stab-Bube bestätigt neue Möglichkeiten, die zu erfolgreichen Aktionen führen (Stab-Zehn) und ein vollkommenes Gleichgewicht gewährleisten (Münzen-Vier).

Für die Zukunft schließlich wird Glück und Harmonie angekündigt (Sterne). Initiative, Bewegung und segensreiche Veränderung (Rad des Lebens) lassen auf einen großartigen Sieg und Triumph über die Ereignisse hoffen (Triumphwagen). Das Münzen-As verstärkt diesen Sieg. Die Kelch-Zehn gewährleistet einen Erfolg, der Glück bringt. Die Stab-Drei erhöht die Schnelligkeit, mit der sich das Rad des Lebens dreht.

Die Hufeisen-Auslage

Diese Auslage gibt auf eine gestellte Frage eine sehr präzise Antwort und darüber hinaus sehr nützliche Ratschläge zur Lösung von bestehenden Problemen.

Nachdem die 22 großen Arkanen gemischt und abgehoben worden sind, zieht man 7 Karten, die folgendermaßen gelegt werden:

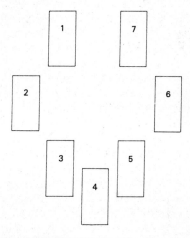

— Karte 1 steht für die Kräfte der Vergangenheit.
— Karte 2 verkörpert die Kräfte der Gegenwart.
— Karte 3 betrifft die Zukunft ganz allgemein.
— Die Karten 4 und 5 geben Ratschläge und Hinweise zu der Haltung, die gegenüber der Umgebung eingenommen werden sollte (selbstverständlich in bezug auf die gestellte Frage).
— Karte 6 gibt Auskunft über die Hindernisse, die überwunden oder umgangen werden müssen.
— Karte 7 gibt die Antwort.
— Jede der Karten wird (nach Belieben) mit kleinen Arkanen abgedeckt, die dann eine Ergänzung der Aussage erlauben.

Beispiel einer Auslage

Der Fragende bittet um Auskunft darüber, ob er in seiner Firma mit einer beruflichen Beförderung rechnen kann.

Diese Karten wurden mit folgenden kleinen Arkanen abgedeckt:

Deutung der abgebildeten Hufeisen-Auslage

Die Vergangenheit des Fragenden war durch Unschlüssigkeit gekennzeichnet (der Liebende und die Stab-Zwei, die die innere Dualität bestätigt).

Mit der Gerechtigkeit und der Münzen-Fünf wird ein neues Gleichgewicht angekündigt. Dies erlaubt eine günstige und schnelle Entwicklung (Rad des Lebens), geprägt durch einen beruflichen Erfolg (Stab-Zehn).

Um das zu erreichen, was er sich wünscht, muß sich der Fragende sehr umgänglich, ausgeglichen und mäßigend zeigen (Ausgleich und Kelch-Fünf) und ein guter Ratgeber, nachsichtig und großmütig sein (Papst). Der Kelch-König repräsentiert und betont hier die Notwendigkeit der einzunehmenden Haltung.

Der Fragende muß um jeden Preis verhindern, zu eigensinnig und zu autoritär zu sein (Herrscher), indem er anderen seine Entscheidungen ohne Umschweife aufzwingt (Schwert-As).

Wenn er diese Hinweise und Ratschläge befolgt, wird er den erwarteten Erfolg haben (Sonne) und auch in materieller Hinsicht weiterkommen (Münzen-Zehn).

Die Jahresauslage

Diese Auslage wird zu Beginn jedes Jahres vorgenommen. Ihre Deutung gilt für ein ganzes Jahr und kann für jeden Monat einzeln verfolgt werden.

Nachdem die 22 großen Arkanen gemischt und abgehoben worden sind, nimmt der Fragende 13 Karten heraus, die in Kreisform (wie bei den astrologischen Häusern) angeordnet werden. Die dreizehnte Karte liegt, wie hier abgebildet, in der Mitte des Kreises.

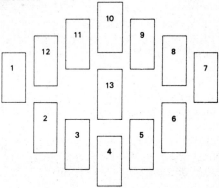

Die Karte in der Mitte ist die wichtigste, denn sie gibt an, was für das ganze Jahr beherrschen ist.
— Karte 1 gibt einen Überblick über die zwölf Monate des Jahres.
— Karte 2 steht für die Monate Januar und Februar.
— Karte 3 steht für den Monat März.
— Karte 4 steht für den Monat April.
— Und so weiter, bis zur zwölften Karte, die für den Dezember steht.
Jede Karte muß mit einer kleinen Arkane abgedeckt werden, damit der betreffende Bereich (Gefühlsleben, Beruf, materielle Werte) besser verstanden werden kann.

Beispiel einer Jahresauslage

Hohe Arkanen

Kleine Arkanen

Deutung der abgebildeten Jahresauslage

Einsatz, Bewegung, fruchtbare Ideen, Freude und Zufriedenheit kennzeichnen das Jahr: Herrscherin und Kelch-As.

Das Gesamtbild bestätigt ein harmonisches Jahr für die Fragende: Stern und Münzen-Königin.

Januar und Februar sind gekennzeichnet durch eine Reise, vermutlich beruflicher Art: Triumphwagen und Stab-Drei.

Der **März** zeigt offenbar das Anlaufen einer Sache, eine neue Aktion an, mit Rückwirkung auf das materielle Gleichgewicht (Magier und Münzen-Fünf).

Der **April** bestätigt eine ärgerliche Angelegenheit im Zusammenhang mit Gesetzen (Gerechtigkeit und Schwert-Sechs).

Mai: Die Fragende hat das Bedürfnis nach Freiheit und Unabhängigkeit (Narr), aber es besteht die Gefahr, daß ihr berufliche Zwänge im Wege stehen (Stab-Zwei).

Juni: Die Sonne und die Kelch-Zehn erhellen und erleuchten diesen Monat des Glücks und der Liebe.

Juli: Zögern und Wahlmöglichkeit, was eine kleine Prüfung mit sich bringt (der Liebende und Stab-Sechs).

August: Zögern und Prüfung sind überwunden, man findet wieder Kraft und Autorität, mit einem ausgezeichneten Gleichgewicht (Herrscher und Münzen-Vier).

September: Die Fragende fühlt sich ruhig und glücklich (Ausgleich und Kelch-Königin).

Oktober: Eine schnelle und unerwartete Veränderung bringt einen glänzenden Triumph (Gericht und Münzen-As).

November: Einklang mit dem vorangegangenen Monat, der Teufel und die Münzen-Zehn bestätigen eine materielle Herrschaft, die einfach ein Erfolg ist.

Dezember: Einige Einschränkungen in gefühlsmäßiger Hinsicht kennzeichnen offenbar diesen letzten Monat (Einsiedler und Kelch-Sechs), aber man darf nicht vergessen, daß die dreizehnte und die erste Karte sehr positiv sind und daher eventuelle Schwierigkeiten in diesem Jahr mildern werden.

Die Auslage zur Pyramide

Nachdem die 22 hohen Arkanen gemischt und abgehoben worden sind, zieht man 10 Karten, die folgendermaßen gelegt werden:

Das Fundament der Pyramide besteht aus 4 Karten, die die Kräfte, Energien und Möglichkeiten des Fragenden repräsentieren, deren er sich entsprechend seiner in der Vergangenheit gewonnenen Erkenntnisse bedienen, oder die er in manchen Fällen umgehen sollte.

Die zweite Reihe besteht aus 3 Karten, die die Kräfte und Energien der Gegenwart darstellen. Sie ist gewissermaßen die Richtschnur, der man folgen sollte.

Die dritte Reihe, die aus 2 Karten besteht, gibt Aufschluß über künftige Einflüsse und die Chancen und Möglichkeiten der Zukunft.

Die letzte Karte, die die Spitze der Pyramide bildet, bestätigt ein Ergebnis. Sollte diese letzte Karte unverständlich sein, kann man eine andere große Arkane an ihre Stelle legen.

Bei dieser Auslage sind die kleinen Arkanen hauptsächlich für die beiden letzten Reihen maßgebend.

Siehe Auslage auf der nächsten Seite

Deutung der Auslage zur Pyramide

Trotz schwieriger Prüfungen, Schicksalsschlägen und Erschütterungen in seiner Vergangenheit (Turm und Karte XIII) hat der Fragende, dank seines Willens, seiner Kraft und seiner Energie (Magier und Kraft) es verstanden, dem Leben gegenüber positiv zu reagieren.

Er fängt unbelastet wieder bei Null an (Narr), was ihm ein vollkommenes Gleichgewicht, Gelassenheit, großen Frieden und ein ideales inneres Glück bringt (Ausgleich und Papst).

Dies führt zu solidem, seriösem und bereicherndem künftigen Handeln (Herrscherin und Herrscher).

Die Zukunft wird voller neuer, glücklicher und segensreicher Begebenheiten sein. Für den Fragenden ist dies die Wiederauferstehung (Gericht).

Die Auslage zum Kreuz oder die Frage-Auslage

Zum Schluß eine klassische Auslage, zu der die kleinen Arkanen nicht benötigt werden.

Nachdem die 22 großen Karten gemischt und abgehoben worden sind, stellt man eine ganz präzise Frage, dann zieht man 4 Karten, die über Kreuz gelegt werden kann.

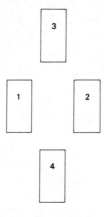

— Karte 1 entspricht dem Fragenden, der die Frage stellt.
— Karte 2 steht für das, was hilfreich ist oder der Antwort entgegenwirken wird.
— Karte 3 zeigt das Ziel, die höhere Gewalt an.
— Karte 4 gibt die Antwort.

Addiert man die Werte der vier Karten, erhält man die Synthese.

Beispiel einer Auslage

Frage: »Werde ich in meinem Beruf Erfolg haben?«

Der Fragende hat den Willen zum Erfolg (Magier). Der Ausgleich verringert das Risiko von Hindernissen. Die Herrscherin bringt Einsatz und fruchtbare Ideen. Die Sonne schließlich läßt auf einen glänzenden Erfolg hoffen.
1 + 14 + 19 + 3 = 37, und 3 + 7 = 10, also das Rad des Lebens, das einen Erfolg bestätigt.

Schlußwort

Ziel dieses Buches war es, einen praxisbezogen, leicht verständlichen und nutzbringenden Leitfaden zu geben. Wir hoffen, damit auf alle Fragen zu einem Thema Anwort gegeben zu haben, über das bisher wenig geschrieben worden ist, obgleich sich zahlreiche Autoren mit dem Tarot beschäftigen. Ganz sicher weden die 22 großen Arkanen die »Stars« bei den Auslagen bleiben, aber unsere Erfahrung hat gezeigt, daß die 56 kleinen Arkanen, um die es in diesem Buch geht, von großer Hilfe sein können, wenn es darum geht, eine Deutung zu verfeinern oder eine verwickelte Situation zu erhellen. Dieses Buch enthält mehr als einfach nur Grundlagen. Dennoch liegt es auf der Hand, daß eine weitere Vertiefung angebracht ist, ebenso ist es wichtig, bei jeder Karte seinem Denken und seiner Urteilskraft, vor allem aber seiner Intuition freien Lauf zu lassen.

Zeit, Geduld und Praxis führen immer zu gewünschtem Ergebnis, dies ist es, was wir Ihnen nach der Lektüre des Buches wünschen.

»Je höher die Seele, desto weiter der Blick«

Hazrat Inayat Kahn

Weitere Titel aus dem Urania-Verlag

Das Buch Thoth, Aleister Crowley
Ägyptischer Tarot
278 Seiten, DM 28,–, Best. Nr. 01103

Tarot-Karten zum Buch: Crowley Thoth-Tarot-Karten
78 Karten (9,5 x 14 cm), DM 39,–, Best. Nr. 50003

Der Bilderschlüssel zum Tarot, Arthur Edward Waite
178 Seiten, DM 24,–, Best. Nr. 01101

Tarot-Karten zum Buch:
A. E. Waite, Best. Nr. 50026, DM 24,–, 78 Karten (7 x 12 cm)
A. E. Waite mini, Best. Nr. 50027, DM 18,–, 78 Karten
  (4,5 x 7,5 cm)

Karmische Astrologie Band I, Martin Schulman
Die Mondknoten und Reinkarnation
140 Seiten, DM 21,– Best. Nr. 01008

Karmische Astrologie Band II, Martin Schulman
Rückläufigkeit und Reinkarnation
250 Seiten, DM 28,–, Best. Nr. 01009

Karmische Astrologie Band III, Martin Schulman
Lebensfreude durch den Glückspunkt
120 Seiten, DM 18,–, Best. Nr. 01010

Karmische Astrologie Band IV, Martin Schulman
Das Karma im Jetzt
144 Seiten, DM 21,–, Best. Nr. 01011

Karmische Beziehungen Band I, Martin Schulman
Astrologie und Sexualität
230 Seiten, DM 28,–, Best. Nr. 01013

Karmische Beziehungen Band II *in Vorbereitung*